# LE ROI

Bibliothèque de Versailles.

## VERSAILLES

IMPRIMERIE DE E. AUBERT

Avenue de Sceaux.

1857

# DE L'ÉTAT DE VERSAILLES

## AVANT 1789

DE

# L'ÉTAT DE VERSAILLES

## AVANT 1789

**Par J.-A. LE ROI**

Conservateur de la Bibliothèque de Versailles.

VERSAILLES

IMPRIMERIE DE E. AUBERT

6, Avenue de Sceaux.

1871

# DE L'ÉTAT DE VERSAILLES

## AVANT 1789

On sait quels immenses travaux Louis XIV fit exécuter pour avoir de l'eau dans Versailles, qui en manquait totalement. Parmi tous ces travaux, le plus gigantesque, celui qui pouvait peut-être avoir le plus d'influence sur son avenir, fut le projet d'y amener les eaux de la rivière d'Eure. Louvois, qui conçut ce projet, en confia l'exécution à la science des Lahire, des Cassini, des Sedilleau, et au génie de Vauban. Trente mille hommes furent occupés pendant quatre ans à ces travaux, et l'on y dépensa plus de 22 millions (1). Malheureusement la guerre de 1689 les fit suspendre, et les embarras financiers qui suivirent cette guerre empêchèrent Louis XIV de les continuer.

Louis XVI aimait extrêmement Versailles. Il voulait en faire le siége fixe de la royau-

(1) Ce qui ferait plus de cent millions de notre monnaie actuelle.

té, et dès les premières années de son règne on s'occupa de rechercher tout ce qui pouvait embellir et assainir le séjour royal. M. D'Angeviller, alors directeur général des bâtiments du roi, chargea, en 1781, la Société royale de médecine de s'occuper des améliorations dont Versailles était susceptible sous le rapport hygiénique. La Société nomma pour cet objet une commission prise dans son sein, dont le savant abbé Tessier était le rapporteur.

Le programme que se proposait de remplir la commision, fait partie de notes manuscrites de l'abbé Tessier, possédées par la Bibliothèque de Versailles ; il montre qu'elle importance le ministre attachait à ce travail.

Voici ce programme :

« *Projet d'observations que nous nous proposons de faire à Versailles et dans les environs.*

« Premièrement, dans la ville de Versailles.

« Examiner les qualités de l'air qu'on y respire dans les différents quartiers ; noter les vents qui règnent le plus souvent ; la hauteur de la ville relativement au niveau de la mer et à celui de la Seine prise à Sèvres ou à la machine de Marly, ou au pont Royal à Paris ; la quantité de pluie qui y tombe année commune, si quelqu'un l'a observé ; les degrés de latitude et de longitude, etc.

« L'état des rues de Versailles, des ruisseaux, des égouts ; le sol sur lequel les maisons sont assises ; la situation de la ville par rapport aux environs, etc.

« La situation et tout ce qui peut concerner la salubrité de l'hôpital, du couvent (1) et autres communautés, s'il y en a.

« Les classes des habitants de la ville de Versailles, leur tempérament, leur genre de vie, leurs maladies, etc.

« Comme plusieurs établissements dépendants du Château font partie de la ville, nous en joindrons l'examen à celui de la ville : tels sont la Grande et la Petite-Ecurie, la Chancellerie, etc. Nous entrerons dans des détails sur les avantages ou les désavantages, s'il y en a, dans la construction des lieux destinés à loger les animaux utiles au service du roi.

« L'examen du Grand-Commun fera aussi partie de celui de la ville de Versailles.

« Secondement, dans le Château.

« Examiner, comme dans la ville, la nature de l'air qu'on y respire dans les appartements du roi, de la reine, des princes et princesses, des officiers attachés au service, des domestiques, dans les cuisines et enfin partout, autant qu'il sera possible.

« Analyser l'eau qui arrive au Château, soit au sortir des tuyaux, soit dans les vaisseaux où on la conserve, soit dans les réservoirs, soit dans les canaux.

(1) Aujourd'hui le Lycée

« La position du Château relativement à la ville, etc.

« L'état des latrines, etc.

« Troisièmement, dans les jardins.

« Dans le petit parc, la nature des terrains, celle des eaux des bassins, etc.

« Dans le grand parc, la nature du sol, des eaux, des plantes qui y croissent.

« Examiner Trianon, la Ménagerie, les sources d'eau minérale qui se trouvent dans le parc.

« Quatrièmement, dans les dehors du parc.

« Voir les positions et les hauteurs, les espèces de pierres, les couches de terre, les plantes qui y croissent naturellement, les eaux soit stagnantes, soit minérales, soit de sources.

« Examiner la pièce des Suisses et les environs, les étangs qui sont près de l'avenue de Paris (c'était l'étang de Porchefontaine, qui n'existe plus aujourd'hui), et dans d'autres endroits, les bois de Satory, etc.

« Examiner Saint-Cyr, Marly, Saint-Germain, Montreuil, Jouy, etc. »

Ce programme très étendu fut rempli dans quelques-unes de ses parties, et dans les notes manuscrites de la Bibliothèque de Versailles, on voit déjà réunies les observations de la commission sur la ville, sur l'état des eaux du Petit-Parc et sur la maison royale de Saint-Louis de Saint-Cyr.

Ces observations, qui paraissent avoir été

communiquées au ministre et à la Société royale de médecine, sont terminées ainsi par le rapporteur :

« Ce n'est encore là qu'une partie des recherches que nous nous étions proposé de faire ; nous les suivrons avec d'autant plus de zèle et d'attention qu'elles ont pour but la salubrité d'un lieu qu'habitent le roi, la reine et toute leur famille. C'est l'intérêt de la France entière qui nous anime et qui nous engage à seconder avec empressement les intentions de la Société royale de médecine dont nous sommes membres. »

Mais ce n'était pas assez pour le ministre de faire un appel à la science afin de chercher à améliorer l'état sanitaire du séjour qu'affectionnait le roi, il voulut aussi y appeler une nouvelle source de richesse en reprenant le projet d'amener à Versailles les eaux de la rivière d'Eure, projet abandonné depuis Louis XIV.

Deux savants distingués, Heurtier, inspecteur des bâtiments du roi, et Coulomb, intendant-général des eaux et fontaines de France, morts tous deux membres de l'Institut, furent chargés de voir dans quel état se trouvaient alors les travaux entrepris par Vauban, et s'il y avait possibilité de les reprendre.

Les deux savants remplirent avec soin la mission qui leur était confiée par le ministre et lui adressèrent, en 1784, un rapport qui fait partie des manuscrits de la Bibliothèque de Versailles, et que nous ferons connaître à la suite du travail de l'abbé Tessier.

**Notes de l'abbé Tessier sur Versailles.**

PREMIÈRE NOTE.

## La ville de Versailles.

La ville de Versailles, située à dix mille toises de Paris, et à l'ouest de cette ville, est (mesure prise au rez-de-chaussée du Château) à 505 pieds au-dessus du niveau de la mer, à 358 pieds au-dessus des moyennes eaux de la Seine au pont Royal, à Paris, à 363 pieds au-dessus des moyennes eaux de la Seine au pont de Sèvres.

Les moyennes eaux de la Seine sont élevées de 142 pieds au-dessus de l'Océan, lorsqu'elles sont à 14 pieds sur l'échelle du pont Royal à Paris.

La plus grande hauteur de l'eau sur l'échelle du pont Royal est de 25 pieds 3 pouces, la plus petite 2 pieds 3 pouces ; la pente est d'un pied pour 1,000 toises (1).

La ville de Versailles est à 48 degrés 48 minutes 18 secondes de latitude septentrionale et à 12 degrés 51 minutes de longitude, ou à 20 degrés 12 minutes 51 secondes, en supposant Paris à 20 degrés du premier méridien comme le supposent quelques géographes (2).

(1) Mémoires de l'Académie, 1741, p. 236.
(2) Communiqué par M. Vandermonde.

— 13 —

Du pavé du pont Royal à Sèvres, on descend de 8 pieds, de Sèvres au rez-de-chaussée du château de Versailles, on monte de 60 toises 3 pieds. Ainsi, déduction faite des 8 pieds de Paris à Versailles, on monte de 59 toises et 1 pied. Cette pente est d'autant plus sensible, que les voitures publiques même sont moins de temps à revenir de Versailles qu'à y aller (1).

Mais cette pente et cette hauteur ne sont pas celles de la ville de Versailles, car le Château est plus élevé que la ville, et il faudrait en connaître la différence.

Quoique la ville de Versailles soit plus

(1) Hauteurs diverses de Versailles rapportées au niveau de la mer, pris au Havre. (Note communiquée par M. Hœghens, membre de la Société météorologique de France.)

| | |
|---|---|
| Point de rencontre des axes de l'avenue de Paris et de la rue Saint-Pierre....... | 133$^m$,33$^c$. |
| Point de rencontre des axes de l'avenue de Paris et de la rue des Réservoirs (près de la statue de Louis XIV)............ | 139$^m$. |
| Point de rencontre des axes de la route de Bayonne et du chemin de Trou, au sommet de la montée de Saint-Cyr-l'Ecole.. | 168$^m$,80 |
| Butte de Picardie.................... | 194$^m$,10 |
| Boule du clocher de l'église Saint-Louis.. | 183$^m$,60 |
| Sol au pied de l'édifice............... | 123$^m$. |

*Zéros des échelles de divers ponts de Paris.*

| | |
|---|---|
| Pont Louis XVI.................... | 0$^m$,000 |
| Pont Royal....................... | 0$^m$,117 |
| Pont au Change................... | 0$^m$,361 |
| Pont de la Tournelle............... | 1$^m$,875 (*a*). |

(*a*) Ce zéro est élevé, d'après Ramond, de 32$^m$,06 au-dessus du niveau de la mer; d'où le zéro du pont Louis XVI serait à 30$^m$,187 au-dessus de ce niveau.

élevée d'environ 59 toises et 1 pouce que Paris, elle est basse relativement à tout ce qui l'environne ; on y arrive en montant seulement du côté de Paris par une gorge prolongée ; du reste, elle est entourée de coteaux plus ou moins élevés et dont quelques-uns forment des amphithéâtres. Cette position rend Versailles le réservoir des eaux de pluie et de sources qui s'écoulent des coteaux voisins.

La ville de Versailles, sans y comprendre le Château et toutes ses dépendances, a maintenant une étendue considérable, tant parce qu'un plus grand nombre de personnes viennent s'y établir, que parce que la famille royale étant nombreuse, il faut plus de monde pour le service, et par conséquent il y a plus de consommateurs et plus de débitants ; enfin, les gens attachés à la cour cherchent aussi à se loger plus grandement et ont un domestique plus nombreux qui exige de plus grandes maisons.

Elle est partagée en deux quartiers principaux, dont l'un, autrefois plus petit que l'autre, est peut-être maintenant aussi grand par les bâtisses qu'on y a fait. Chacun de ces quartiers forme une paroisse ; la plus ancienne est Notre-Dame, la plus nouvelle, qui ne date que de 1734, est Saint-Louis (1).

(1) Depuis, la ville s'est agrandie du village de Montreuil, qui y a été annexé en 1787. Aujourd'hui, elle

Une allée en face du Château, qu'on appelle l'avenue de Paris, fait pour ainsi dire la séparation des deux paroisses ; presque tout ce qui est à droite en venant de Paris est de Notre-Dame ; tout ce qui est à gauche est de Saint-Louis, à l'exception de la Petite-Ecurie et du Grand-Commun qui, faisant partie du Château, sont de Notre-Dame (1).

Dans l'un et l'autre quartier, les rues, pour la plupart, sont très larges. Il n'y en a que quelques-unes d'étroites. Les maisons n'ont communément que trois ou quatre étages ; on voit des rues dont la largeur est de 19 toises (38 mètres), par ce moyen l'air circule facilement et le pavé, assis d'ailleurs sur un sol sablonneux dans beaucoup d'endroits, se sèche promptement. Néanmoins, il serait à désirer que les rues fussent nivelées d'une manière favorable à l'écoulement des eaux, car les ruisseaux ne se vident en grande partie que par le dessèchement ; ce qui, joint aux ordures qu'on n'y enlève que rarement, doit être nuisible à la salubrité des habitants (2).

forme trois quartiers ou paroisses. Notre-Dame, Saint-Louis et Montreuil, ou Saint-Symphorien.

Depuis quelques années on a divisé le quartier Montreuil en deux paroisses. La nouvelle paroisse se nomme Sainte-Elisabeth.

(1) Aujourd'hui ces deux bâtiments font partie du quartier Saint-Louis.

(2) Aujourd'hui les ordures sont enlevées régulièrement tous les matins, et il n'est pas permis d'en déposer dans les rues pendant le jour.

Le cimetière de la paroisse de Saint-Louis est à l'extrémité de cette paroisse, au bas des bois de Satory. Il est vaste. On y enterre les morts seul à seul dans une fosse. Quoiqu'il soit placé au midi de cette partie de la ville, il ne peut l'incommoder parce qu'il est protégé du vent du midi par les bois de Satory, placés d'ailleurs sur une hauteur qui domine sur le cimetière. Le seul inconvénient que nous y ayons trouvé, c'est qu'une partie des eaux qui s'écoulent de cette hauteur traverse le cimetière, descend dans la ville pour se jeter dans un égout.

Ces eaux, en passant, peuvent se charger des exhalaisons du cimetière, à quoi il serait aisé de parer (1).

Lorsqu'il a plu dans Versailles et qu'il survient ensuite plusieurs jours de sécheresse, les ruisseaux, qui y sont noirs, ont une odeur infecte, parce qu'ils ne se vident entièrement que par évaporation.

Sur la butte de Montbauron, qui est située entre l'avenue de Saint-Cloud et l'avenue de Paris, à l'extrémité de l'avenue de Saint-Cloud, sont deux bassins très étendus plus ou moins remplis d'eau. Il paraît que le projet a été d'en former quatre, puisqu'on voit la fouille des deux autres qui sont restés imparfaits; ils auraient communiqué avec ceux qui existent (2).

(1) C'est ce qui a été fait depuis.
(2) L'un des deux réservoirs reçoit de l'eau des étangs, et l'autre de l'eau de la Seine.

Par le moyen des vannes, elle parvient de ces réservoirs au Château-d'Eau que le fontainier aperçoit de sa maison, du moins il en voit le toit, où il y a des fenêtres. L'ouverture d'une ou de plusieurs de ces fenêtres est le signal qui indique au fontainier s'il doit ouvrir une ou plusieurs vannes pour laisser échapper plus ou moins d'eau suivant le besoin.

### DEUXIÈME NOTE DE L'ABBÉ TESSIER.

*Etat des eaux qui sont dans l'intérieur du Petit-Parc et enfermés dans des bosquets.*

#### Salle du Bal.

L'eau qui fait aller la cascade de Versailles vient du Château-d'Eau; elle se décharge dans la fontaine de Bacchus et dans l'île Royale ou île d'Amour.

Dans l'état actuel, l'eau ne joue pas à la Salle du Bal, parce qu'il y a des réparations à y faire. Elle est sans eau (1).

#### Ile Royale.

Elle est divisée en deux parties inégales par une allée.

La plus petite, dite petite île d'Amour, reçoit des eaux du bassin ou fontaine de Bacchus, de la Salle du Bal, des bassins de

---

(1) Aujourd'hui ce bassin joue, mais il a besoin de réparations.

Latone. Cette eau passe de là dans la grande île d'Amour.

La grande île d'Amour laisse aller son eau, quand on la lâche, dans le bassin d'Apollon, où est le char de Phaéton.

L'île Royale forme des espèces d'étangs dont l'un est assez grand. L'eau y est toujours plus ou moins abondante. Il y croît des roseaux, de la mille-feuille d'eau, du charas et autres plantes. Cette eau, dans le temps des évaporations, doit être dangereuse.

Ayant fait mettre un bateau sur la grande île Royale, nous avons trouvé, le 26 avril 1782, à l'angle, près des Quatre-Saisons, 1 pied et demi d'eau, dont 1 pied de vase. A l'angle, près du Mail, 2 pieds 4 pouces d'eau, sans vase.

Entre ces deux angles est le tuyau de décharge de la petite île. A ce dernier angle sont deux tuyaux qui servaient de décharge à l'ancien labyrinthe.

A l'angle, près la statue de Flore, il y avait 2 pieds 4 pouces d'eau, sans vase.

A l'angle, près la statue d'Hercule, 3 pieds et demi d'eau, sans vase. Entre cet angle et le premier, est la décharge du bassin de la grande île qui va au bassin de Phaéton; elle est à 6 pieds 2 pouces au-dessus du fond.

En général le fond est dur et pierreux. L'eau est infecte et sale. Au milieu juste du bassin de l'île, il y a 1 pied et demi d'eau, sans vase; à cet endroit est un grand amas de *masses d'eau* (plantes).

Les étangs de l'île Royale sont presque au couchant et peu éloignés du Château, surtout de l'appartement de la Reine (1).

### La Colonnade.

Reçoit l'eau qui fait aller ses 28 jets d'eau du Château-d'Eau; elle se décharge dans le bassin où est Phaéton.

Il n'y a point d'eau qui séjourne.

### Les Dômes.

L'eau qui arrive à la balustrade d'eau et au jet d'eau du milieu, est amenée, dit-on, du parterre du Nord; elle se décharge dans le bassin d'Encelade.

Il n'y a point d'eau qui séjourne (2).

### Encelade.

On croit que l'eau du bassin d'Encelade va gagner le lavoir qui est à la porte des Deux-Ponts, pour gagner ensuite la tête du grand canal.

Il y a de l'eau stagnante, infecte, pleine de crapauds et de plantes, entre autres de charas (3).

---

(1) Il n'existe plus aujourd'hui que le petit bassin. Le grand bassin, ou île d'Amour, qui depuis fort longtemps était à sec, a été comblé, et en 1815 on en a fait un charmant jardin, qui porte le nom de Jardin du Roi.

(2) Ce bassin est maintenant en ruine et ne contient plus d'eau.

(3) Ce bassin est aujourd'hui en bon état.

Obélisque.

C'est une gerbe d'eau qui, lorsque les eaux jouent, s'élève très haut.

Il n'y a point d'eau qui séjourne. Nous avons remarqué sur les nappes de plomb au-dessous des tuyaux de l'Obélisque, une matière rougeâtre qui nous a paru une dissolution de plomb produite par l'acide contenu dans les feuilles des arbres qui tombent sur les nappes et qui se décomposent dans des portions d'eau qui y séjournent. Nous avons vu de cette matière sur les nappes de plusieurs bassins (1).

Bains d'Apollon, ou jardin Dauphin.

C'est un nouveau bosquet où il y a un rocher considérable. L'eau du rocher vient du Château-d'Eau, s'échappe ensuite dans la baignoire d'Apollon et tombe dans un bassin qui est au bas du groupe du rocher, et ira se décharger dans deux bassins qui sont derrière le mur du parc et entre l'allée de Trianon, cités à l'article du côté de Trianon (2).

Théâtre-d'Eau.

Il n'y a de l'eau dans ce bosquet que dans le bassin, dit bassin d'Antin; ce bas-

---

(1) Ce bassin est aujourd'hui en fort mauvais état et ne peut conserver l'eau. Cependant il joue encore les jours de grandes eaux et est d'un très bel effet.

(2) Ce bosquet venait d'être construit sur les dessins de Robert. Aujourd'hui il aurait besoin de réparations, afin de conserver son eau.

sin est en plomb ; l'eau n'y est altérée que par·quelques feuilles d'arbre qui sont au fond.

Elle vient, dit-on, du parterre du Nord ; de là elle peut se décharger dans les bassins ci-dessus mentionnés entre le mur du parc et l'allée de Trianon (1).

### Les Trois-Fontaines.

De plusieurs bassins faits pour recevoir de l'eau, il y en a un ou deux qui, dans ce moment-ci, ont des eaux stagnantes (2).

### Arc-de-Triomphe.

L'eau qui arrivait à une foule de jets d'eau de ce bosquet, venait, dit-on, du parterre du Nord et s'en allait au bassin du Dragon et de Neptune. Il n'y a point d'eau maintenant (3).

### Du grand canal des jardins de Versailles.

Le grand canal de Versailles est un bassin qui s'étend depuis le bassin de Phaéton jusqu'à la grille Royale, et depuis le grand Trianon jusqu'auprès de la Ménagerie en formant une croix, dont les branches n'ont

---

(1) Ce bosquet n'existe plus. Il n'en reste que le petit bassin où se jouent des enfants. Ce qui était alors le bassin principal forme aujourd'hui ce qu'on nomme le rond des enfants.
(2) Ce bassin a été détruit.
(3) Il ne reste que quelques débris de ce bosquet.

pas une égale longueur, puisque celle qui est du côté de la Ménagerie est plus longue que celle qui lui est opposée.

Les eaux qui forment ce bassin placé en face du Château, sont entretenues par les pluies, les égouts du parc et des sources.

Le 12 avril 1781, nous l'avons examiné pour connaître la hauteur de l'eau, celle de la vase qui s'y est amassée depuis qu'il a été fait, et les entrées des tuyaux qui y amènent de l'eau soit habituellement, soit seulement dans l'hiver ou après des pluies. L'état de ce bassin nous ayant paru devoir contribuer à la salubrité ou à l'insalubrité de Versailles, ou plutôt des habitations qui l'avoisinent, nous avons mis la plus grande attention dans notre examen.

En côtoyant toute la rive droite du grand canal, c'est-à-dire en commençant vers les habitations des gondoliers, appelées la Petite-Venise, jusqu'à la division de la croix, nous avons vu trois tuyaux qui amenaient de l'eau. Le premier, voisin de la Petite-Venise, y jette toujours plusieurs pouces d'une eau sale, infecte, qui a servi à des blanchisseuses dont le lavoir est auprès de la grille des Deux-Ponts; en outre on fait des lessives à la tête du grand canal, ce qui y introduit du savon dont la dissolution et la décomposition doivent infecter l'eau et l'air qu'on respire auprès (1).

(1) Ces diverses causes d'insalubrité n'existent plus aujourd'hui.

Au quart de la longueur de la même branche du canal, se trouve le deuxième tuyau qui amène dans certains temps de l'eau du grand parc.

Le troisième, qui a la même destination, est placé immédiatement avant la division de Trianon.

A l'extrémité de la branche de Trianon se trouve la décharge du bassin de Trianon dans le grand canal.

En suivant la branche qui approche de la grille royale, on voit un déchargeoir de l'eau du canal qui, si on ôte une vanne, le réduit, dit-on, dans l'endroit où il a le plus de profondeur, à trois pieds d'eau. Ce déchargeoir par un aqueduc conduit l'eau dans des fossés, d'où elle va vers Gallie et Villepreux.

Immédiatement avant ce déchargeoir, il existe, à ce qu'on nous a assuré, un aqueduc qu'on ne voit pas, et qu'on croit destiné à vider le canal en entier si on le voulait, soit pour la pêche, soit pour le curer.

En revenant sur l'autre rive du canal pour gagner la branche de la Ménagerie, on aperçoit les extrémités de deux tuyaux qui ne donnent de l'eau au canal que dans l'hiver et après les pluies ; c'est pour l'écoulement du parc. L'un est au tiers à compter de l'extrémité du canal, l'autre est presque auprès de la division. Dans la branche de la Ménagerie, il y a deux tuyaux, l'un à sec, excepté en hiver et après les pluies, l'autre toujours jetant quatre pouces au moins d'une eau vive; celui-ci est à l'extrémité de la branche, l'autre est sur la rive au milieu de la branche et du côté de Saint-Cyr.

Les gondoliers nous ont assuré qu'il y avait dans cette branche une source d'eau vive profonde, mais dont on ne s'apercevait qu'en hiver, par la difficulté que l'eau avait à se geler dans cet endroit.

Enfin, au bord situé entre la grille du parc, dite grille de la Ménagerie et le hangar où l'on met les gondoles et bateaux, se trouve une source d'eau vive, qui vient par un aqueduc de dessous le chemin de Saint-Cyr, à ce qu'on nous a assuré.

A l'égard de la profondeur de l'eau et de la vase, il y a de l'inégalité non-seulement dans toute l'étendue du canal, mais même dans les parties différentes des diverses extrémités. On peut dire en général qu'à l'extrémité qui est près de la Petite-Venise, profondeur prise au milieu, il y a six pieds d'eau y compris vingt pouces de vase; à l'extrémité vers Trianon, deux pieds et demi d'eau, dont quatre pouces d'un sable très vaseux; à l'extrémité qui est vers la grille Royale, sept pieds d'eau, y compris deux pieds et demi de vase; à l'extrémité, vers la Ménagerie, quatre pieds deux pouces d'eau, dont quatre pouces de vase et d'argile; enfin, il y a d'autant plus de vase qu'on se rapproche le plus du point milieu du canal. A cet endroit, à des distances à peu près égales des quatre branches, il y a sept pieds deux pouces d'eau, y compris trois pieds de vase.

Il faut observer que l'eau du canal, prise au milieu, ne nous a point paru avoir d'odeur ni de saveur désagréable. Il n'y croît presque point de plantes. On y trouve seulement le *lactuca ranarum*, du moins à l'époque où nous l'avons examiné. Les bords et surtout celui qui est à l'exposition du nord, sont couverts de *primula veris* et de *colchicum*.

Nous avons remarqué encore que les pierres qui font la bordure et l'enceinte du canal sont dégradées partout, mais plus particulièrement sur le bord exposé au nord, où la gelée fait plus d'effet (1).

### Pièce des Suisses et environs.

A l'extrémité de la pièce des Suisses, au-dessous et vis-à-vis du *Quintus Curtius*, ou de ce qu'on appelle le *Chevalier Bernin*, est un faible courant d'eau, qui tombe dans la pièce des Suisses. Cette eau se couvre d'iris, dépose quelques portions d'ocre et a le goût légèrement stiptique.

Après avoir monté le coteau qui est au-dessus de la pièce des Suisses, on trouve sur la droite une carrière de pierres à bâtir.

C'est du silex carié, qui n'est pas à plus de quatre pieds de profondeur. En quel-

---

(1) Le canal a été vidé et curé en 1791. L'eau n'y a été remise que dans les premières années de l'Empire.

ques endroits on le rencontre à deux pieds. Ce banc de pierres, placé sous une couche légère de terre végétale sablonneuse, est engagé dans une argile mêlée de sable ferrugineux et finit à dix ou douze pieds, où il y a une couche de sable dont on n'a pas examiné la profondeur.

Ce silex, en sortant de la carrière, se brise facilement à coups de masses pour former des moellons; mais il se durcit à l'air et fait une excellente pierre à bâtir.

Dans les environs se trouve beaucoup de muguet, ce qui indique une terre légère et sablonneuse.

L'eau qui s'échappe de l'Orangerie tombe dans un fossé qui est au bas du mur, elle est reçue dans deux tuyaux qui passent sous le chemin de la Ménagerie et vont se rendre dans la pièce des Suisses, tout à l'entrée.

La pièce des Suisses, placée au sud-ouest du Château de Versailles et au bas de l'Orangerie, est un grand bassin d'eau stagnante, qui a plus ou moins de profondeur. Cette eau est fournie par les pluies, par quelques pierrées et par des sources qui poussent du fond ou arrivent des coteaux voisins.

Sa forme est longue. Elle est terminée par deux hausse-cols, dont l'un est voisin de l'Orangerie ou du chemin de Saint-Cyr, l'autre est au bas du *Quintus Curtius* ou du chevalier Bernin.

En l'examinant d'abord à la droite du

Château, du côté d'un lavoir ou hangar qui y est, nous avons trouvé, le 26 avril, à l'angle du premier hausse-col, quatre pieds trois pouces d'eau, dont deux pieds de vase.

En côtoyant le même bord, à dix-huit ou vingt pieds du bord, nous avons trouvé près du lavoir quatre pieds deux pouces d'eau, dont quatre lignes de vase.

Plus loin, à deux portées de fusil, ou environ du lavoir, vis-à-vis l'endroit où la pièce des Suisses se décharge pour aller gagner l'aqueduc de l'égout de la partie de Versailles de la paroisse de St-Louis, il y avait neuf pieds d'eau, dont quatre pieds de vase.

A deux portées de fusil de la décharge, neuf pieds six pouces d'eau, dont quatre pieds et demi de vase.

A deux portées de fusil dudit endroit, six pieds d'eau dont un pied de vase.

A deux portées de fusil dudit précédent endroit, quatre pieds d'eau, dont huit pouces de vase, terre solide.

A l'angle du deuxième hausse-col, côté droit eu égard au Château, cinq pieds d'eau, dont un pied de vase. A cet endroit il y a un amas de *masses d'eau* (plante).

A l'extrémité du deuxième hausse-col, on voit cette source légèrement martiale, dont j'ai fait mention plus haut, arriver à découvert et en petite quantité. A quelques toises de là se trouve l'entrée d'une deuxième source, qui paraît plus martiale; cette source est cachée.

A l'angle gauche du deuxième hausse-col eu égard au Château, à l'endroit où on tire de la glace, il y a quatre pieds d'eau sans vase. Le bord est réparé à ce lieu là, car partout les pierres ne tiennent à rien et sont désunies ou tombées (1).

A trois portées de fusil de cet angle il se trouve cinq pieds d'eau sans vase.

A trois portées de fusil du précédent endroit, c'est-à-dire au milieu de la longueur, sept pieds d'eau, dont un pied de vase.

A deux portées de fusil du précédent, six pieds d'eau sans vase.

Le long de ce bord il y a plusieurs pierrées qui amènent de l'eau en certain temps. Vis-à-vis la grille du Potager, il tombe dans la pièce des Suisses un courant d'eau qui paraît être une source ; mais il faut s'en informer (2).

A l'angle du premier hausse-col, côté gauche, eu égard au Château, il y avait quatre pieds trois pouces d'eau sans vase.

A l'extrémité de ce hausse-col sont les deux tuyaux de décharge de l'Orangerie dont j'ai déjà parlé plus haut.

Au milieu de l'extrémité de la pièce qui est vers l'Orangerie, vis-à-vis les deux angles du premier hausse-col, il y avait cinq pieds d'eau sans vase.

(1) Toutes les pierres qui entouraient cette pièce ont aujourd'hui complétement disparu.
(2) C'est la décharge des pierrées que La Quintinie fit faire pour se débarrasser des eaux qui séjournaient sous le sol du Potager.

Au milieu de toute la pièce sept pieds d'eau, dont quinze à seize pouces de vase ; au milieu de l'extrémité qui est près du Chevalier Bernin et vis-à-vis les deux angles du deuxième hausse-col, il y avait cinq pieds et demi d'eau, dont huit pouces de vase.

L'eau de la pièce des Suisses sentait mauvais près du lavoir couvert et des endroits du bord gauche eu égard au Château, où des femmes vont à l'air laver leur linge (1).

Cette pièce est tellement remplie de *lactuca ranarum* (plante), que les rameurs en sont incommodés. Il y a aussi, mais en moindre quantité, du *potamogeton angustifolium dictavici* et de l'*hydroceratophyllon*.

On voit, par cet examen, qu'il y a plus d'eau du côté opposé au Potager et plus de vase ; qu'il y a plus d'eau au milieu de la pièce. En effet, le terrain des environs est plus élevé aux deux extrémités, il y a plus de vase et d'eau vers le déchargeoir, la pente étant de ce côté-là.

### Côté de la Ménagerie.

Dans la première cour de la Ménagerie, il y a un tuyau de plomb qui amène habituellement plus d'un pouce d'eau qui vient des coteaux qui sont en face de la porte.

(1) Il n'a a plus de lavoir public, cependant quelques femmes y vont encore laver du linge.

Le 14 avril, le thermomètre étant à onze degrés et demi au-dessus du terme de la glace, l'eau au sortir du tuyau était à neuf degrés et demi. Au pèse-liqueur de M. Cornette, elle était à une ligne deux tiers au-dessous de zéro.

Sur la gauche du chemin de la Ménagerie, est un aqueduc dont l'origine est dans la rue de l'Orangerie de Versailles; il passe sur le devant de la pièce des Suisses, emportant les égouts de toute la partie de la ville qui est de la paroisse Saint-Louis. Il continue dans des prairies qui sont à la gauche du chemin de la Ménagerie, recevant la décharge de la pièce des Suisses, pénètre au-delà de la Ménagerie, traverse le chemin de Saint-Cyr pour y gagner l'extrémité du grand canal, vers la grille Royale, au-delà du grand canal, dans lequel il n'entre pas; il se joint avec l'eau qui se décharge de ce bassin et va s'insinuer dans l'aqueduc, qui amène les égouts de toute la partie de la ville de la paroisse de Notre-Dame, et quelques décharges de divers bassins du parc. Cet aqueduc se rend du côté de Villepreux.

Plus loin est une prairie enfoncée, qui autrefois était un étang appelé la *Pièce-Puante;* c'était vraisemblablement l'endroit où les ordures de la ville du côté de Saint-Louis se réunissaient (1).

(1) La Pièce-Puante, qui servait en effet de décharge aux eaux du quartier Saint-Louis, fut supprimée en 1735.

Après la Ménagerie et du côté de la Ménagerie, sur le bord du chemin, est une pièce d'eau appelée l'étang de Choisy. Elle est fournie par un tuyau, qui est une portion de celui qui en donne à Saint-Cyr. Cette eau de l'étang coule ensuite vers la Ménagerie où elle se rend.

Cette pièce d'eau, qu'on pourrait rendre limpide, puisqu'elle se renouvelle toujours, est pleine de roseaux et de joncs (1).

### Côté de Trianon.

En entrant dans la grande allée qui conduit au Grand-Trianon, sur la main gauche, on trouve d'abord une mare produite par des eaux qui viennent des bassins du petit parc. Cette mare peut se décharger dans un bassin qui est plus bas et qui n'a pas d'écoulement. Il est à sec maintenant et rempli de foin, mais on assure qu'il y arrive aussi de l'eau des bassins du petit parc. On dit que c'est la décharge des bains d'Apollon.

Ces eaux étant stagnantes doivent être malsaines dans l'été. A la vérité, elles sont derrière un mur du parc et à l'exposition du nord, ce qui en diminue la mauvaise influence, mais étant placées sur le chemin de Trianon, chemin très fréquenté par la reine et la famille royale, nous croyons

---

(1) Ce bassin a été réparé et est aujourd'hui bien entretenu.

qu'il serait utile de leur donner de l'écoulement, ce qui nous a paru facile (1).

Plus loin et du même côté est un ruisseau fangeux, formé sans doute par un écoulement des eaux des bassins du petit parc, et qui filtrent à travers un mur et des terres, car on ne voit pas le tuyau ou l'aqueduc qui conduit à cette eau. Comme elle est placée au milieu des broussailles, qui en arrêtent les exhalaisons, elle peut être moins dangereuse que les précédentes ; mais nous croyons qu'il faudrait aussi lui donner un libre cours et de la pente, afin de la conduire plus loin (2).

En suivant l'allée du Grand-Trianon, et toujours sur la gauche, on rencontre près de la grille des Deux-Ponts un lavoir capable de servir à douze blanchisseuses. Ce lavoir est formé des eaux qui y arrivent par un gros tuyau venant du petit parc. On prétend que c'est encore la décharge des bains d'Apollon (3). L'eau au sortir du lavoir se joint au ruisseau qui arrive des prairies situées du côté droit de l'avenue de Trianon ; ensemble elles se jettent dans le grand canal. C'est le premier tuyau que nous avons observé à la tête du grand canal. On aperçoit encore plus loin des mares d'eau, qui sont produites ou par des filtrations du ruisseau qui part du lavoir et qui serpente, ou par quelque autre échappée

(1) Toutes ces eaux stagnantes ont disparu.
(2) Tout cela a été fait.
(3) Ce lavoir n'existe plus.

d'eau du parc. Ces eaux en été sentent très mauvais.

Dans le bas du jardin du Grand-Trianon, sur la gauche, nous avons examiné une fontaine recouverte de pierres, dont le bassin, toujours rempli d'eau, a trois pieds quatre pouces de profondeur. Il est de forme octogone. Chaque pan a deux pieds. Cette eau arrive perpétuellement dans le bassin, et le surplus, qui peut être de plus d'un bon pouce d'eau, s'en échappe aussi perpétuellement. Au goût, elle nous a paru bonne. Au pèse-liqueur de M. Cornette, elle était à trois lignes et demie au-dessous de zéro.

La température de l'atmosphère étant, le 14 avril 1781, à onze degrés et demi, l'eau de cette fontaine était à neuf degrés et demi. Cette eau a la plus grande limpidité.

Le bassin octogonal qui reçoit cette eau se trouvant de trois pieds quatre pouces de profondeur, et chaque pan ayant deux pieds, il contient soixante-quatre pieds cubes et demi d'eau à très peu près, ce qui fait aussi, à très peu près, 2,258 pintes 1|2 d'eau, en supposant trente-cinq pintes au pied cube.

On appelle cette fontaine, la fontaine du Roi. Elle s'était perdue autrefois par la négligence des fontainiers.

Entre l'avenue du Grand-Trianon et l'avenue Saint-Antoine, se trouvent la fontaine dite *des Crapauds*, à une portée de fusil du chemin du Grand-Trianon, et l'aqueduc recouvert qui conduit les eaux des égouts du quartier nouveau et du quartier Notre-Dame de Versailles. Ce même aqueduc reçoit aussi des rigoles qui circulent dans les prés, et surtout celle qui vient de l'autre côté de l'avenue de Saint-Antoine.

De ce côté, il y a beaucoup de colchique.

A la droite de l'avenue de Saint-Antoine, en sortant du petit parc, il y a d'abord quelques fosses d'eau stagnante, puis, au sortir du jardin de M. de Polignac (1), est un ruisseau formé à dessein ; il reçoit 1° la décharge d'une pièce d'eau qui est dans le jardin de $M^{me}$ de Narbonne, puis la superficie de l'Ermitage. Toutes ces eaux viennent de la butte de Montbauron et de Saclay. Elles circulent ensemble dans les prés et arrivent dans le grand égout.

Vis-à-vis la maison du Suisse de la porte Saint-Antoine, de l'autre côté du chemin, le long du mur du parc, sont deux fontaines recouvertes de pierres, excepté au sud-sud-ouest, à six pieds et demi l'une de l'autre, ayant l'aspect du sud-sud-ouest. La plus près du chemin a deux pieds et un pouce de profondeur, dont quatre pouces de vase ; son bassin, qui est rond, a trois pieds de diamètre. Elle est fade, vraisemblablement parce qu'elle est pleine d'ordures, étant ouverte à tout le monde.

(1) Aujourd'hui couvent des Capucins.

La deuxième est fermée au devant par une porte de bois trouée ; l'eau est plus propre, plus agréable à boire et plus limpide. Elle est carrée, ayant trois pieds de largeur sur deux, et une profondeur de deux pieds deux pouces et demi, dont quatre pouces de sable et un pouce de vase.

Ces fontaines, qui sourdent de dessous terre, communiquent entre elles. Il paraît que la deuxième produit le bassin de la première ; elles forment ensuite concurremment un lavoir dont le dégorgement va dans les prés et dans le grand égout.

A la Porcherie, c'est-à-dire le long du chemin neuf de Marly, est une fontaine, dite de Saint-Antoine (1) ; elle fournit un lavoir dont le dégorgement va dans le parc et dans le grand égout.

On assure que cette eau ne cuit pas bien les légumes, même étant bouillante. L'eau, au contraire, de l'Ermitage, les cuit parfaitement, dit-on, et en très peu de temps. On croit que celle-ci vient de la machine ; l'autre n'en vient pas, à ce qu'on dit.

Suite du côté de Trianon.

Dans le jardin du Grand-Trianon, sur la droite et plus haut que la fontaine du Roi, est une autre fontaine, dite la fontaine du Mail, presque à l'exposition parfaite du

---

(1) Aujourd'hui fontaine de la Vierge.
L'eau de la Vierge contient, en effet, une grande quantité de sulfate de chaux.

midi. Elle est recouverte d'une voûte et de terre, mais non d'une calotte élevée ; comme la fontaine du Roi, elle vient et pousse du fond ; le surplus s'en échappe à travers les pierres qui la revêtent.

Son bassin a quatre pieds en carré sur un pied et demi de profondeur. L'eau nous a paru chaude en la goûtant à cinq heures du soir, le 19 avril, jour où le thermomètre était à 19 degrés.

Les eaux qui arrivent au Grand et au Petit-Trianon, selon le rapport du sieur L'Oiseleur, fontainier ancien du Grand et du Petit-Trianon, viennent des environs de Saint-Hubert, du Perray, Saint-Léger, Trappes, Bois-d'Arcy, Bois-Robert, etc. Ces eaux sont le produit des étangs, qui coulent par des rigoles et des aqueducs, et se rendent au-dessus de l'avenue de *Sèvres* (1), de là des tuyaux en conduisent dans deux bassins ou réservoirs dont l'un est près du Petit-Trianon et l'autre au-dessus.

Autrefois même il arrivait de la machine de Marly de l'eau au Grand-Trianon, mais cette machine en fournissait bien plus qu'elle n'en fournit maintenant. Celle qui vient des rigoles n'est pas à beaucoup près aussi abondante, sans doute parce que les rigoles ne sont pas entretenues.

On remarque que sous Louis XIV les grandes et petites eaux de Versailles et

---

(1) De Sceaux.

Trianon jouaient tous les dimanches, en été, et les petites les jours ouvriers. Maintenant à peine peut-on faire jouer les unes et les autres sept à huit fois l'année, preuve de la grande diminution des eaux (1).

Au bout du jardin du Petit-Trianon est une fontaine qui sort de dessous la muraille dans un fossé et passe dans un tonneau. Son eau au goût nous a paru bonne (2).

Dans le jardin du Petit-Trianon passe une rivière artificielle qui serpente et est arrêtée par des batardeaux, qui en suspendent le cours et la laissent échapper en nappe ou en source. Cette eau vient du réservoir qui est situé devant les jardins du Petit-Trianon et ceux du Grand-Trianon; elle arrive d'une part par des canaux souterrains à un rocher fait exprès, d'où elle sort pour former la rivière; de l'autre part, elle passe par une conduite souterraine, et forme près du château un autre bras de la rivière.

L'eau de cette rivière est sale et comme vaseuse, quoiqu'on ne puisse pas dire qu'il

---

(1) Depuis la construction de la nouvelle machine de Marly et les travaux exécutés aux étangs, la ville est non-seulement fournie d'eau dans presque toutes les maisons, mais encore les eaux de tous les bassins jouent régulièrement huit mois de l'année.

(2) C'est une eau ferrugineuse. Cette fontaine, que j'ai signalé le premier dans mon livre sur les eaux de Versailles, est aujourd'hui très fréquentée, et beaucoup de personnes se trouvent très bien de l'usage de ses eaux.

y ait de la vase. Le fond de son bassin est formé de glaise. Les différents rochers ou batardeaux qui arrêtent le cours de la rivière font l'effet de vannes qui se succéderaient et seraient seulement ouvertes par en haut. Elle n'a donc presque pas de cours sensible, et peut être regardée comme en partie stagnante, quoiqu'elle s'échappe à l'extrémité du jardin dans un fossé, vis-à-vis le temple de l'Amour. Sans doute, si on la laissait entrer perpétuellement dans la rivière, et si on la laissait sortir perpétuellement, elle aurait moins d'inconvénients; mais elle en aurait toujours, parce qu'une eau qui coule lentement dans un bassin large est plus sujette aux évaporations ; mais l'eau n'est lâchée du bassin et n'arrive au rocher que quand on le veut, c'est-à-dire de temps en temps. D'ailleurs la rivière factice du Petit-Trianon est bordée d'arbres qui y laissent tomber des feuilles; il y croît des plantes qui se putréfient; plus ces arbres et ces plantes prendront d'accroissement, plus la putréfaction en sera considérable, moins les exhalaisons, retenues par les arbres, pourront s'élever dans les chaleurs, et alors les hommes qui habiteront ou se promèneront dans ces jardins délicieux seront plus exposés aux malignes influences des eaux de la rivière.

Nous pensons qu'étant très près du château d'un côté et au bas du pavillon, aux mois d'août et de septembre il n'est pas sain d'habiter l'un ou l'autre de ces endroits. On peut y contracter des fièvres intermittentes. Ce qu'il y a de certain, c'est que le 21 avril, l'eau de la rivière du Petit-Trianon avait une odeur désagréable qui se faisait sentir malgré l'abondance des arbustes odorants en fleurs alors, tels que les lilas, les lauriers-tins, les cytises, les spireas,. etc.

Un des deux suisses qui gardent le jardin a eu, l'année dernière, une fièvre intermittente qui a duré six mois au moins.

*État des différentes habitations placées dans le Parc de Versailles.*

De la Petite-Venise.

On appelle ainsi les habitations des hommes destinés à conduire les bateaux et gondoles tant sur le grand canal de Versailles, qu'à Choisy, Fontainebleau, Compiègne et partout où le roi et les princes, soit pour la chasse, soit pour leur agrément, veulent passer l'eau. Louis XIV fit venir les premiers hommes destinés à ces fonctions de la ville de Venise. Voilà ce qui fait donner ce nom à leurs habitations. On ne peut être admis parmi les gondoliers qu'on n'ait fait une ou deux campagnes sur mer.

La Petite-Venise est placée sur la partie méridionale et à la tête du grand canal. L'entrée est du côté du couchant, dont elle est à couvert par les arbres du grand parc. Toutes les maisons se tiennent de manière que leur réunion fait un carré long, qui n'est interrompu que du côté de l'entrée. A l'exception de trois où il y a un étage, elles n'ont que le rez-de-chaussée. La hauteur du plancher au sol est de six à sept pieds au plus ; il y en a qui n'ont que cinq pieds huit pouces de haut. Chaque chambre a de quatorze à quinze pieds de long, sur dix à onze pieds de large. Elles n'ont toutes qu'une porte de six pieds de haut, sur deux pieds quatre pouces, ou environ, de large, et une fenêtre plus ou moins grande, ouverte du côté de la cour.

Ces chambres sont plafonnées au plâtre, et la plupart planchéiées, au lieu d'être carrelées.

L'intérieur du grand carré que forment toutes ces habitations, est presqu'entièrement rempli par de petits jardins, environnés de haies d'épines, qui doivent diminuer par leurs racines la bonté du terrain. Les arbres et les plantes qui végètent dans ces jardins, parmi lesquels il y a beaucoup de fleurs, doivent rendre l'air plus pur et plus agréable.

Mais on ne peut disconvenir que ces habitations sont malsaines. Le sol sur lequel elles sont assises, le peu de distance des planchers au sol, le défaut d'air courant, la position de ces chambres, environnées la plupart d'arbres et de bois du parc, tout concourt à les rendre très humides et par conséquent malsaines. Il y a un puits au milieu, dont l'eau, le 19 avril, était à quatre pieds et demi de la surface du sol. On assure qu'en hiver il a encore moins de profondeur ; encore est-il placé sur le terrain le plus élevé de la Petite-Venise. Pour remédier autant qu'on a pu à ces inconvénients, plusieurs chambres sont planchéiées ; presque toutes ont des cheminées. Ces avantages ont diminué sans doute, mais n'ont pas ôté tout le mal, car quoique les habitants de ces chambres soient obligés de consommer beaucoup de bois pour sécher leurs chambres, le parquet ou les carreaux, le plafond, les murs, sont souvent mouillés. En hiver on ramasse l'eau sur les murs, le sol y est toujours humide, les paillasses des lits s'y moisissent et le linge dans les armoires y prend un mauvais goût ; on voit croître beaucoup de champignons dans ces chambres ; la cendre même du foyer est ordinairement humide. Aussi les personnes qui habitent la Petite-Venise sont elles sujettes à des rhumatismes très tenaces, à des fièvres intermittentes automnales, à des asthmes et à d'autres incommodités dépendantes de l'humidité.

Les femmes, après leurs couches, sont quelquefois exposées à des épanchements laiteux, etc.

Nous croyons que pour rendre la Petite-Venise saine, il eût fallu faire partout un premier étage et ouvrir des fenêtres de deux côtés. Le rez-de-chaussée eût tenu lieu de caves, qu'on ne peut y pratiquer à cause de l'humidité du sol. Il paraît même qu'on avait cette intention, puisqu'on a fait ces murs d'un pied et demi d'épaisseur, capables par conséquent de porter un premier étage ; ce qui contribue encore à entretenir l'humidité des chambres.

Lorsque Louis XIV fit construire, il y a environ cent dix ans, la Petite-Venise, il ne voulut pas, dit-on, qu'elle fût élevée davantage, afin de ne pas choquer la vue, et on la plaça dans cet endroit humide, parce qu'on n'avait que des hommes élevés à Venise, c'est-à-dire au milieu de l'eau, et qu'on pensait qu'ils ne seraient pas incommodés de vivre dans un marais. Mais on ne voit pas que la vue fût plus choquée d'apercevoir une suite de maisons à un premier étage que d'en apercevoir trois, celles des officiers, qu'on n'a sans doute exhaussées que pour les rendre plus saines. D'ailleurs, on peut avec moins d'inconvénient habiter une ville maritime, quand l'humidité de l'air est compensée par d'autres avantages comme à Venise, où l'eau de la mer se renouvelle sans cesse.

On a observé, comme partout ailleurs, que ceux qui viennent habiter la Petite-Venise sans y être élevés, sont plus sujets à être incommodés que ceux qui y sont nés.

Des deux côtés du carré long, celui qui est à l'exposition du sud-est est plus sain que celui qui est à l'exposition du nord-ouest, parce que le premier a le soleil presque toute la journée du côté des portes, et a derrière un chantier de charpente. Devant une partie on a pratiqué de l'autre côté de la rue, des chambres pour augmenter les habitations qui sont vis-à-vis. On remarque que celles-ci, qui sont contiguës aux jardins, et celles dont elles interceptent le soleil, sont plus humides et plus malsaines que celles du même côté qui ont le soleil libre. Le deuxième côté ne voit jamais le soleil du côté des portes, et a derrière des charmilles du parc, entre lesquelles cependant on a pratiqué un fossé ; mais je le crois plus propre à retenir les eaux qu'à les écouler, car il faudrait qu'il fût pavé et en pente.

Il n'y a point de latrine à la Petite-Venise, ni d'eau pour boire ; les habitants en vont chercher dans le parc. Ils vont à la fontaine Saint-Antoine ou à Trianon. L'eau du puits ne sert que pour laver.

Un gondolier a plus ou moins de chambres pour son habitation, selon que sa famille est plus ou moins nombreuse. Les veuves n'ont qu'une chambre et 150 francs par an ; leurs meubles sont à elles. Les gondoliers ont les meubles principaux du roi. Il y en a dix-huit, commandés par un officier ; parmi eux trois maîtres charpentiers et deux ou trois compagnons constructeurs de bateaux (1).

(1) Aujourd'hui presque toutes les maisons de la Petite-Venise sont abattues. Il ne reste que celles des

*Suite des habitations du Parc de Versailles.*

### Corps de garde du parc, du côté de Trianon.

Ce corps de garde où logent des suisses, tirés des gardes-suisses pour veiller sur le parc le jour et la nuit, nous a paru fort sain. Il est à l'exposition du sud-sud-est, et a le soleil presque toute la journée. Du sol au plancher il y a douze pieds de haut. Le sol est pavé en pavés de grès, ainsi que le tour du corps de garde qui est en pente Le plancher est plafonné. Il y a des fenêtres à chaque pan, en sorte que l'air y circule librement. Aussi les suisses qui habitent ce corps de garde assurent-ils qu'ils s'y portent bien en tout temps.

### Corps de garde du parc, du côté du chemin de la Ménagerie.

Ce corps de garde, qui est opposé au précédent, a la même destination. Il a la même hauteur, et est exposé au nord-nord-ouest. Il n'a le soleil que quelques instants de la journée, encore ne l'aura-t-il plus quand les arbres seront grands. Le sol est pavé en grès, le plancher plafonné. Il n'y a point de cave dessous. Il n'y a de croisées que du côté du nord-nord-ouest, par

officiers, et quelques-unes auprès, habitées par des employés du Château.

conséquent point de courant d'air; les murs, du côté du sud-sud-est, sont très humides; souvent on y ramasse l'eau. Les boucles de cuivre des suisses s'y rouillent, leurs paillasses y contractent de l'odeur, leurs habits s'y gâtent, etc.

Les hommes y sont sujets à des fièvres intermittentes rebelles, et à des récidives. Sur sept hommes, il y en a quelquefois trois ou quatre de malades, tandis que dans le corps de garde opposé, ils se portent toujours bien. Le derrière du mur du sud-sud-est est enfoncé à certaine profondeur dans la terre. C'est un jardin qui y est. Le moyen de rendre ce corps de garde sain est d'ouvrir des fenêtres du côté du sud-sud-est, de détruire une très petite extrémité du jardin qui y est adossé, de baisser les terres et de paver en pente le bas du mur, afin de procurer aux eaux du toit un écoulement.

### Maison du suisse, qui est à la grille de la Ménagerie, près du grand canal (1).

Dans les grandes chaleurs, on y sent une odeur infecte, causée par les évaporations du grand canal. Cette odeur est encore plus sensible pour ceux qui descendent le Tapis-Vert, lorsque le vent souffle du couchant. Nous ne serions pas étonnés qu'elle ne se portât jusqu'au Château. On a cru remarquer que dans le voisinage des eaux

(1) Cette maison n'existe plus.

stagnantes, les habitations placées sur des coteaux étaient plus exposés à leur maligne influence que celles qui étaient dans le bas et plus près des eaux qui séjournent (1).

TROISIÈME NOTE DE L'ABBÉ TESSIER.

De la voirie de Versailles.

Le lieu où l'on porte toutes les ordures et tout ce qui se putréfie dans une ville, n'est point un objet à négliger. Il est important qu'il soit placé de manière à ne point incommoder la ville des exhalaisons qui s'en échappent dans les chaleurs.

La voirie de Versailles est maintenant placée à près d'une demi-lieue du Château, c'est-à-dire à environ un quart de lieue de la ville. Elle est située derrière un coteau assez élevé pour qu'en aucun temps elle ne se fasse pas sentir dans la partie de Versailles qui en est le plus près. Tout au plus il pourrait s'en échapper quelques exhalaisons, qui parviendraient jusqu'au chemin de Paris, et du côté duquel la voirie n'est pas fermée entièrement; mais outre que cela est difficile, une odeur putride que l'on ne respire qu'en passant n'est pas capable d'incommoder (2).

(1) C'est le contraire qui généralement a lieu. On est étonné de trouver une pareille réflexion chez un si bon observateur.
(2) Cette voirie, qui pouvait avoir peu d'inconvénient à l'époque où Tessier faisait ses observations, en a

Il y a quelques années, la voirie n'était pas si bien placée; elle était plus près du chemin de Paris, et ses exhalaisons n'étaient retenues par aucun coteau, en sorte qu'elle pouvait incommoder les premières maisons de l'avenue de Paris. Il paraît qu'on prend des précautions pour ne pas laisser accumuler beaucoup de matières putrides dans ce cloaque. Des personnes sont chargées de temps en temps de mettre le feu aux os des corps morts. Ce moyen, d'une part, purifie l'air, et de l'autre diminue le foyer de putréfaction, parce qu'on brûle avec les os toujours de la chair.

Nous observerons, d'après le récit des gens qui brûlent les os de la voirie, que lorsqu'ils sont récemment brûlés, si on remue le monceau, surtout le soir, il paraît une lumière bleue ; cette lumière est du vrai phosphore. Ce fait est connu.

Qui le croirait, qu'au milieu d'un séjour aussi infect et aussi dégoûtant qu'une voirie, il se trouve des hommes qui cherchent les moyens de se procurer de quoi vivre ! Les uns ramassent les oreilles et les pieds de moutons ; ils les enfilent avec des ficelles, les attachent à des arbres pour les faire sécher ; ensuite ils les vendent à des per-

---

aujourd'hui beaucoup plus par suite des constructions du quartier de Clagny, qui la rapprochent de la Ville, et il serait bien à désirer qu'on pût la placer dans un lieu beaucoup plus éloigné et placé de manière que les émanations putrides qui s'en échappent ne puissent atteindre aucune habitation.

sonnes de Paris pour faire de la colle forte, à trois liards le cent de couples. D'autres ont soin de réunir le sang des animaux égorgés dans les boucheries et qu'on apporte à la voirie, pour les vendre soit dans les manufactures de bleu de prusse, soit dans les raffineries de sucre qu'il sert à clarifier. Ils le vendent quatre sous le cent de poids. D'autres, d'une manière qui fait horreur au spectateur, recueillent de dessus les parties putréfiées, des vers qu'ils vendent aux pêcheurs pour faire un appât pour le poisson, tant le besoin a d'empire sur les hommes !

Il faudrait être assuré : 1° Si les individus qui respirent ainsi un air aussi putride et qui manient habituellement des matières en putréfaction, ne sont pas attaqués de maladies ou de maux difficiles à guérir; 2° si les oreilles et les pieds des animaux, ayant passé à l'état de putréfaction commençante, sont aussi propres que d'autres à faire de bonne colle. On remarque qu'il y a deux sortes de colle, l'une qui n'a pas d'odeur, et l'autre qui en a une très infecte qui se conserve longtemps dans les bâtiments où on l'emploie. Celle-ci est vraisemblablement faite avec des matières animales en putréfaction, telles que celles des voiries; 3° si le sang apporté à la voirie par les bouchers et mêlé sans doute à du sang de bêtes mortes de maladies n'a pas d'inconvénients, soit pour les raffineries, soit pour les manufacturiers de bleu de prusse.

En attendant qu'on ait des preuves de tout cela, il nous semble qu'il serait plus prudent de faire passer les oreilles et pieds de bêtes à laine, et le sang des boucheries directement dans les manufactures sans les porter auparavant à la voirie.

Nous ajouterons que les débris des corps de la voirie sont employés à fertiliser les terres, en sorte qu'il n'y a rien de perdu, excepté la cendre des os. Mais on sait qu'elle peut être employée, ou pour faire du phosphore, ou pour polir les métaux.

Au-dessus de la porte Satory, on fait un amas de gadoues, qu'on ramasse tous les jours dans les rues de Versailles. Ces gadoues, après avoir mûri, sont enlevées par des fermiers, qui les répandent sur leurs prés ou terres labourables. Quoique placées au midi et très près de la ville, nous ne croyons pas qu'elles puissent l'incommoder, parce qu'elles sont placées derrière beaucoup de bois, qui interceptent le vent du midi. Les voituriers négligents en placent souvent sur la gauche du chemin, ne voulant pas aller plus loin; c'est à la police à les en empêcher, parce que ces amas, plus près que l'amas général, et dont les exhalaisons descendent aisément dans la ville par le chemins peuvent être incommodes, ou au moin, désagréables. Chaque jour huit tombereaux sont occupés à enlever toutes les gadoues de Versailles. Chaque tombereau se charge huit fois par jour, du moins dans les jours longs (1).

QUATRIÈME NOTE DE L'ABBÉ TESSIER (2).

*Observations communiquées à M$^{mes}$ de la maison royale de Saint-Louis de Saint-Cyr.*

La maison royale de Saint-Louis de Saint-Cyr est un établissement si important et si précieux pour toute la noblesse française, qu'en nous occupant de la topographie médicale de Versailles, nous avons cru devoir y comprendre cette maison et tout ce qui peut la rendre plus ou moins saine. Nous aurions désiré avoir plus de temps pour connaître plus de détails et pour mieux approfondir les choses, mais nous espérons qu'il nous sera permis d'y retourner et d'y perfectionner nos observations. En attendant, nous croyons devoir exposer à M$^{mes}$ de Saint-Louis de Saint-Cyr tous les objets qui nous ont paru nuisibles à leur santé, afin qu'autant qu'il dépendra d'elles, elles y remédient, si elles le jugent à propos.

(1) Ces amas d'ordures sur le chemin de Satory ont depuis longtemps disparu.

(2) Ce rapport curieux sur la maison de Saint-Cyr, alors occupée par le célèbre couvent de jeunes filles fondé par M$^{me}$ de Maintenon, peut encore être utile, comme renseignements hygiéniques, à l'Ecole militaire actuelle, malgré les nombreux changements qui ont été faits à cette maison.

S'il entrait dans notre plan de faire un éloge très étendu des lieux que nous examinons, la maison de Saint-Louis de Saint-Cyr nous offrirait un vaste champ. Dans le compte que nous en rendrons quelque jour au public, nous nous promettons de ne rien omettre des avantages relatifs à la santé que nous y avons observés, soit dans certaines constructions de salles, soit dans le régime des dames et des demoiselles.

Il ne s'agit ici que de tracer le tableau des inconvénients qui nous ont frappé, afin que si notre jugement mérite quelque confiance, on sache sur quoi on doit fixer plus particulièrement son attention.

Quoique nous n'ayons pas encore soumis à l'analyse chimique l'eau qu'on boit à la maison de Saint-Louis, nous la regardons comme de qualité médiocre, pour ne pas dire mauvaise. Elle doit être crue. Au goût elle est fade, soit dans le réservoir qui la contient, soit dans les fontaines sablées où on la dépose. Les fontaines sablées peuvent bien séparer de l'eau les parties grossières qui s'y trouvent mêlées, et par là elles en diminuent la mauvaise qualité, mais si l'eau tient en dissolution des parties qui l'altèrent, les fontaines sablées ne la rendent pas meilleure.

Il est important de remonter l'aqueduc qui amène l'eau et de l'examiner jusqu'à l'endroit des sources.

Nous pensons que les dames et les demoiselles de Saint-Cyr, qui ne boivent que de l'eau, auraient besoin qu'on leur en procurât de bonne, et qu'il serait aisé de leur conduire un tuyau qui en apporte de pure et de légère, de celle qui est dans la première cour de la Ménagerie, où elle ne sert que pour former un bassin. Amenée à Saint-Cyr, elle y servirait pour la boisson et pour préparer les aliments ; celle qui parvient à cette maison serait employée aux autres usages.

A l'inspection du séchoir, ou de l'étuve à linge, il nous a semblé qu'au lieu d'avoir au milieu un poêle qui y répand une aussi grande chaleur, il eût été plus avantageux d'en établir plusieurs dans les murs, et ouvrant en dehors. Au reste, nous ne faisons que soupçonner qu'une chaleur aussi excessive et la fumée qui s'échappe par la porte peuvent incommoder les femmes qui entrent et travaillent dans le séchoir. C'est à l'expérience à décider si ce changement, un des moins importants, est nécessaire.

Les fourneaux des cuisines n'ont pas de cheminées pour emporter les vapeurs du charbon de bois qu'on y brûle. Si les cuisines n'étaient pas aussi vastes et si les fenêtres n'en étaient pas souvent ouvertes, il en résulterait des inconvénients, c'est-à-dire, les cuisinières éprouveraient des maux de tête, des suffocations, peut-être même des asphyxies. Elles conviennent qu'elles en sont fort incommodées en hiver, lorsque le froid les oblige à fermer exactement les fenêtres. Une cheminée en forme de hotte et dont le tuyau soit dirigé dans la cheminée de la cuisine, est le moyen de prévenir des accidents qui peuvent avoir lieu quelquefois.

Nous désirerions qu'on ne mît jamais de lait dans des vaisseaux de cuivre, même étamés souvent. On est dans cet usage dans la maison de Saint-Cyr. Les chaudronniers ne sont jamais assez attentifs pour bien étamer ; d'ailleurs, l'étamage ne prend pas également bien et ne dure pas autant de temps dans toutes les parties d'un vaisseau de cuivre ; il en résulte, quand on y a laissé séjourner du lait ou des acides, que les aliments causent des coliques plus ou moins fâcheuses, qu'on ne sait souvent à quoi attribuer. Il est si facile de leur substituer des vaisseaux de fer-blanc, ou plutôt des vases de grès pour recevoir et apporter du lait dans les cuisines.

Parmi les classes que nous avons trouvé être suffisamment spacieuses et aérées, il en est une dont l'exposition ne nous a pas paru salutaire, c'est celle qui n'a des fenêtres que du côté de la cour des cuisines, dont les débris en putréfaction doivent pendant l'été infecter l'air que respirent les demoiselles. Dans cette classe, les fenêtres sont au sud, ce qui rend encore la situation plus défavorable. Nous pensons qu'il serait plus avantageux de placer cette classe ailleurs, parce que c'est le lieu qu'habitent le plus longtemps les demoiselles. Un dortoir mis à la place aurait encore plus d'inconvénients.

Les dortoirs ne sont pas assez étendus pour le nombre de lits qu'on y place. Il n'y a que deux pieds et demi entre chaque lit, distance trop peu considérable. Les fenêtres en sont trop élevées ; il faudrait au moins des ouvertures basses opposées, capables de purifier l'air en enlevant celui qui a servi à la respiration.

Les infirmeries ont été un des objets principaux de nos recherches.

Celle des demoiselles contient trente lits qui ne sont éloignés les uns des autres que de deux pieds, deux pieds et demi. Le plancher, dont la hauteur est bien suffisante, puisqu'il est à quinze pieds du sol, est traversé de distance en distance par des poutres qui retiennent l'air qui s'échappe du lit des malades. Les fenêtres de la salle sont élevées ; il n'y a pas non plus d'ouvertures basses propres à la purifier. Placée entre la cour des cuisines et la rue du village, d'un côté elle reçoit les exhalaisons des restes de viandes et d'aliments qui se putréfient, de l'autre côté elle est incommodée de l'odeur infecte d'une boucherie où l'on jette dehors les excréments des animaux tués et où l'on fond souvent des suifs. La preuve que ce dernier voisinage peut être nuisible à l'infirmerie, c'est que la famille du boucher même y est de la plus mauvaise santé et qu'il perd successivement tous ses enfants.

A cet inconvénient il s'en joint un autre. Ces demoiselles n'ayant qu'une seule infirmerie, les convalescentes et celles qui sont légèrement incommodées respirent le même air que les malades, et peuvent être, dans certains cas, exposées à la contagion. Il y a plus, on a établi au milieu de cette salle une table où les convalescentes mangent et avalent peut-être avec leurs aliments des principes de maladie, dont elles seraient exemptes, si elles habitaient une salle séparée.

Il serait à désirer que dans une maison aussi nombreuse que Saint-Cyr, il y eût plusieurs salles destinées à différentes espèces de maladies. Une pour les petites véroles, une pour les humeurs scrofuleuses et une pour les pulmoniques ; mais surtout que les convalescentes fussent séparées des autres. Si l'on se proposait de bâtir une autre infirmerie, nous inviterions l'architecte à consulter des physiciens qui seraient en même temps médecins, afin de ne rien négliger de ce qui peut contribuer à la rendre salutaire aux malades.

L'infirmerie des sœurs converses n'a de jour que du côté de la cour des cuisines, tandis qu'il serait facile d'ouvrir des fenêtres sur la rue et vis-à-vis des autres, en les grillant si l'on a quelque inconvénient à craindre. Cette salle nous a paru absolument sans courant d'air. Elle est en outre garnie d'une tapisserie de laine, ce qu'il faut éviter dans une infirmerie, dont la salubrité exige des murs blanchis souvent avec de la chaux.

Les dames de Saint-Cyr, quand elles tombent malades, habitent des infirmeries particulières. Ce sont des chambres qui tiennent deux ou trois lits et où nous n'avons rien trouvé de contraire à la salubrité.

Il y a d'autres petites salles réservées pour recevoir des malades en cas d'épidémies. Elles ne nous ont pas paru aérées.

Nous conseillons de substituer à la grille de fer, qui est à l'entrée du cimetière, une porte de la hauteur du mur, afin de ne point exposer à ses exhalaisons les personnes qui se promènent ou passent dans le jardin.

Rien n'influe autant sur la salubrité d'une habitation que les courants d'air et l'écoulement des eaux. Autrefois les physiciens n'étaient pas assez éclairés sur ces objets, ou n'étaient pas consultés lorsqu'il s'agissait de fonder quelques établissements. Nous avons cru devoir y faire beaucoup d'attention en examinant Saint-Cyr. Cette maison, appuyée sur un coteau qui la protége du midi, est exposée au vent du nord et à celui de l'ouest, qui l'incommodent d'autant plus que le premier ne peut s'échapper à cause du coteau, et le second s'arrête à une futaie placée à la droite de la maison, qui se trouve privée de la bénigne influence du vent d'est, capable de balayer les vapeurs qui séjournent vis-à-vis. Nous présumons que cette futaie, sans doute agréable pour la promenade et pour la vue, peut être contraire à la salubrité de la maison de Saint-Louis. On pourrait en corriger le mauvais effet en y pratiquant de grandes allées parallèles, dans la direction de l'est à l'ouest.

Dans un lieu où l'on a tout à craindre des exhalaisons des eaux stagnantes, nous avons pensé qu'il fallait renouveler souvent l'eau des bassins des jardins, ce qu'on peut faire en pratiquant au fond des soupapes; puisque c'est le réservoir commun qui fournit cette eau, il est aisé de la renouveler.

On a sans doute procuré un grand avantage en faisant dans les jardins plusieurs saignées pour écouler les eaux, que la terre argileuse y retiendrait, et en formant un aqueduc où aboutissent les égouts de la maison, les eaux des cuisines, celles des lessives et celles qui lavent les latrines; mais il ne fallait pas se contenter de les conduire hors des jardins. Les pierrées et l'aqueduc qui les charrient devaient être prolongés et portés le plus loin possible, car ces eaux infectes s'évaporent trop près de la maison. A l'extrémité de l'aqueduc se trouve un lavoir que les femmes du village ont formé en retenant l'eau qui reflue de plus de quarante toises dans l'aqueduc. Cette tolérance de la part des dames fait un tort réel à la salubrité de l'air qu'elles et les demoiselles respirent. Nous regardons ce lavoir comme un cloaque qu'il est nécessaire de détruire dans l'automne ou dans l'hiver seulement, en répandant la vase qui en proviendra sur les champs, à petite épaisseur, afin que les pluies la délaient et la fondent avant le printemps.

Dans l'intérieur de la maison, le logement de la dame qui fait la fonction de portière nous a paru sans air. Il ne reçoit de jour que par un corridor, et il manque d'un courant d'air qui lui serait si nécessaire. Ne pourrait-on pas lui procurer une fenêtre qui rendît cette habitation plus saine.

La plupart des aliments dont on nourrit les demoiselles sont de bonne qualité ; mais il en est de trop rafraîchissants et de trop peu digestibles pour leurs estomacs, tels que les potirons, les concombres, le lait caillé, etc. Elles sont dans l'âge où il est nécessaire de former leur tempérament. Ce n'est que par des aliments faciles à digérer et plutôt chauds que froids, qu'on peut y parvenir, surtout dans un air humide, et où il n'y a pour boisson que de l'eau qui ne paraît pas de bonne qualité. Nous désirerions qu'il fût possible de leur donner chaque jour un verre de vin le matin et un le soir. Rien ne serait plus propre à les fortifier et à les disposer à l'époque intéressante pour leur constitution.

Les corps de baleine que les demoiselles portent sont trop durs et doivent gêner leur poitrine et leur bas-ventre. Que d'incommodités peuvent être la suite de la gêne qu'elles éprouvent! Nous avons été témoins qu'il est aisé de les saigner du bras sans leur mettre de ligature, tant le sang, à cause des corps, a de peine à remonter vers les vaisseaux des aisselles pour se rendre au cœur ! Il n'est pas besoin d'insister sur la nécessité de réformer les corps et de les rendre plus souples et plus capables de se prêter au jeu de toutes les parties du corps (1).

Le temps ne nous ayant pas permis de porter nos observations sur d'autres objets, nous bornons là nos réflexions et les représentations que nous croyons devoir faire. Nous sentons bien qu'une partie des réformes que nous proposons seraient coûteuses, et que peut-être la maison n'a ni le droit de le faire, ni les facilités ; mais au moins elle peut remédier à beaucoup de choses, et c'est à la sagesse de son administration à prendre les moyens les plus efficaces pour obtenir les ordres et les secours nécessaires pour corriger le reste.

RÉSUMÉ.

Les observations que nous avons faites jusqu'ici sur ce qui intéresse la salubrité de Versailles et des environs, nous ont déjà donné les résultats suivants :

1° Les rues de Versailles sont malsaines parce que les immondices s'y mettent auprès des ruisseaux et n'en sont pas enlevés assez souvent. Le pavé n'étant pas nivelé, une partie des eaux pluviales y séjourne,

(1) Cette observation peut encore s'appliquer à l'habitude de se serrer qu'ont certaines jeunes personnes et même des dames.

s'y corrompt et cause une infection très sensible après quelques jours de sécheresse.

Nous avons remarqué qu'au-dessus de la porte Satory, il y a à droite et à gauche des dépôts d'immondices qu'on aurait dû porter plus haut.

Les égouts, qui ont des ouvertures dans la ville, sont autant de cloaques, contraires à la santé (1).

2° Les eaux du Petit-Parc peuvent être regardées comme croupissantes, puisque la plupart ne se renouvellent pas. Celle même du Parterre d'eau, la plus pure en apparence, n'est pas exempte d'infection; à plus forte raison celle de l'île Royale, de l'Encelade, du Théâtre-d'Eau, etc. Nous pensons qu'il est important de renouveler fréquemment toutes ces eaux, en les faisant jouer le plus qu'il serait possible. Ce moyen, non-seulement est propre à empêcher l'eau de croupir, mais à répandre dans l'air une rosée bienfaisante pendant les chaleurs.

Le grand canal et la pièce des Suisses contiennent beaucoup de vase. Mais comme elle est recouverte de plusieurs pieds d'eau, nous ne nous prononçons pas encore sur son influence. En attendant de nouvelles observations sur cet objet, il nous paraît nécessaire d'interdire ces pièces d'eau aux blanchisseuses, de n'y point laisser parve-

(1) On cherche autant que possible aujourd'hui à remédier à cet inconvénient.

nir les eaux des lessives, et d'en ôter exactement toutes les herbes qui y croissent.

3° Plusieurs habitations du Parc sont évidemment pernicieuses, particulièrement un corps de garde situé le long du chemin de la Ménagerie, et la Petite-Venise, dont le sol est trop humide et les logements trop bas et trop peu aérés.

4° Il y a aux environs du chemin de Trianon plusieurs endroits remplis d'eau croupissante, qu'il serait utile de combler.

5° Nous regardons comme sujette à de grands inconvénients pour la santé, la rivière artificielle des jardins du Petit-Trianon. L'eau en est sale, elle répand une mauvaise odeur; elle n'a qu'un cours très lent et reçoit les feuilles des arbres qui la bordent et qui s'y putréfient. Le mal augmentera à mesure que les arbres prendront de l'accroissement et se couvriront de plus de feuilles. Nous désirerions que cette eau presque stagnante eût un cours plus rapide et fût souvent renouvelée.

6° Nous avons examiné des sources dont l'eau nous a paru très bonne, entre autres deux qui se trouvent dans les jardins du Grand-Trianon, une qui sort des murs du Petit-Trianon, une dans la première cour de la Ménagerie, et une à la porte Saint-Antoine. Notre attention est de soumettre à l'analyse la plus exacte, non-seulement les eaux des sources et celles qu'on boit à Versailles, mais encore toutes les eaux stagnantes qu'on y rencontre. Cette analyse est un des principaux objets de notre travail.

7° En parcourant les environs de la maison royale de Saint-Louis de Saint-Cyr, et en entrant dans tous les détails qui la concernent, nous avons fait des remarques très essentielles, d'où il résulte qu'il serait possible de la rendre plus saine qu'elle ne l'est.

Ce n'est encore là qu'une partie des recherches que nous nous étions proposé de faire ; nous les suivrons avec d'autant plus de zèle et d'attention qu'elles ont pour but la salubrité d'un lieu qu'habitent le roi, la reine et toute leur famille. C'est l'intérêt de la France entière qui nous anime et qui nous engage à seconder avec empressement les intentions de la Société royale de médecine, dont nous sommes membres.

On voit combien ces observations du savant abbé Tessier, qui datent de près de quatre-vingt-dix ans, ont encore d'intérêt pour notre ville au point de vue hygiénique et même historique. On regrette de ne pas avoir le travail complet de la Commission nommée par la Société royale de médecine chargée de répondre à la demande du ministre, mais l'on voit par ces notes combien l'on s'occupait activement d'améliorer la ville de Versailles, dont Louis XVI voulait faire le siége définitif de son gouvernement.

Le projet d'amener les eaux de la rivière

d'Eure, déjà en partie exécuté par Louis XIV, fut aussi repris par M. D'Angeviller, ainsi que le prouve le rapport suivant de MM. Heurtier et Coulomb.

## Mémoire historique

RELATIF AU PROJET D'AMENER A VERSAILLES LES EAUX DE LA RIVIÈRE D'EURE,

Par Heurtier et Coulomb (1784).

Le projet d'amener à Versailles les eaux de la rivière d'Eure, par l'aqueduc de Maintenon, par la levée qui existe encore depuis cette ville jusqu'à Pontgouin, ainsi que par la rigole qui devait être continuée depuis Maintenon jusqu'à l'étang de la Tour, est peut-être une des plus grandes entreprises qu'on ait formées.

Ce projet, dont la majeure partie des travaux a touché à sa perfection, et qui dans un espace de deux années (1) a été entrepris, exécuté et abandonné, a coûté plus de vingt-deux millions de ce temps-là (2).

Quelles sont les raisons qui ont pu faire abandonner une pareille entreprise après un travail aussi étonnant et une dépense aussi prodigieuse ? C'est encore un problè-

(1) C'est quatre années qu'il faut dire. Les travaux ont commencé en 1685 et ont été abandonnés à la fin de 1688.

(2) Les dépenses relevées sur les registres des bâtiments du Roi, s'élèvent à 22,107,601 liv., ce qui ferait 110,568,005 fr. de notre monnaie actuelle, en suivant les indications de M. Pierre Clément.

me ; nous allons tâcher d'en préparer la solution.

Il paraît que dès 1674, et même avant, M. Colbert s'occupait déjà de faire venir des eaux à Versailles, qui n'avait alors, et qui n'eut jusqu'en 1681, que celles de l'étang au nord de cette ville (1), qu'on élevait avec une pompe dans le réservoir au-dessus de la grotte du château (2), laquelle grotte existait dans ce temps-là, où est aujourd'hui le vestibule de la chapelle.

On connaît le projet de Riquet qui prétendait amener la Loire sur la montagne de Satory. Deux raisons puissantes portaient à croire possible l'exécution de ce projet : la première, le désir d'avoir une grande quantité d'eau dans un lieu où les fontaines jaillissantes étaient très multipliées ; et la seconde, les connaissances qu'avait dans cette partie celui qui en faisait la proposition. En effet, depuis 1664, Riquet avait entrepris de joindre l'Océan à la Méditérranée par un canal, qui touchait alors à sa perfection, puisqu'on y navigua en 1681. Cependant pour ne rien hasarder dans une entreprise de cette nature, on chargea l'abbé Picard, justement célèbre par la fidélité des grands nivellements qu'il avait déjà faits, de l'examen de ce projet. Le ré-

(1) L'étang de Clagny.
(2) La grotte de Thétis, dans laquelle se trouvaient les groupes de Girardon, de Regnaudin, de Gaspard et Balthasar Marsy, et de Guérin, placés aujourd'hui dans le bosquet des Bains d'Apollon. On avait établi un réservoir au-dessus de cette grotte.

sultat de son opération fut, qu'outre des difficultés d'exécution presqu'insurmontables, il s'en fallait de quatorze toises que l'endroit du canal de Briare, par où il aurait fallu faire passer l'aqueduc, ne fût aussi haut que Satory. Ce résultat que Riquet lui-même, qui avait été envoyé niveler après l'abbé Picard, et à son insu, fut obligé de reconnaître exact, fit abandonner ce projet (1).

On sait aussi que Francini proposa de faire venir à Versailles la rivière de Juine, et que l'abbé Picard prouva que l'étang du Grand-Vau, situé sur les bords de la forêt d'Orléans, lequel donne naissance à cette rivière, était de six toises plus bas que le rez-de-chaussée du Château de Versailles. L'abbé Picard fit encore différents nivellements pour trouver des moyens praticables de faire venir la Loire à Versailles par un canal, et tous en démontrèrent l'impossibilité.

Cependant Louis XIV, désirant se fixer dans cette ville qui n'avait pas d'eau, on chercha sérieusement à remédier aux inconvénients des grands projets, et on ne trouva rien de mieux que de rassembler dans des étangs les eaux de toutes les plaines à proximité, et plus élevées que Versailles.

(1) On peut lire à cet égard l'anecdote très intéressante rapportée par Charles Perrault, de l'Académie française, et premier commis des bâtiments, dans l'ouvrage publié sous son nom, en 1759.

Gobert, depuis intendant des bâtiments du roi, fut chargé de tous les travaux relatifs à la formation des eaux de Saclay, Pré-Clos, Trou-Salé, etc., et d'après ses nivellements, il parut que les eaux de ces plaines pouvaient être facilement amenées sur les hauteurs du Parc-aux-Cerfs, en leur faisant traverser la vallée de Jouy, dans deux conduites de huit pouces, qui, au rapport de Gobert, furent posées du canal de Buc jusqu'à la montagne du côté de Versailles, en se courbant dans ladite vallée. On a fait depuis un superbe aqueduc dans cet endroit (1).

D'un autre côté, vers le couchant, l'abbé Picard fut chargé de déterminer la hauteur des plaines de Trappes et de Bois-d'Arcy. Il trouva que celle de Trappes était plus élevée de quinze pieds que la superficie du réservoir de la Grotte, et celle de Bois-d'Arcy plus élevée encore de neuf pieds que celle de Trappes.

En conséquence, il proposa d'amener séparément l'eau des deux étangs qu'il convenait de former dans ces plaines, et de ne prendre que trois pieds de pente, pour quatre mille toises environ que les eaux de Trappes avaient à parcourir. On accepta ses propositions, à cela près seulement qu'on réunit dans un même aqueduc les eaux de Trappes et de Bois-d'Arcy. Les opérations de Gobert et de Picard se trou-

(1) Cet aqueduc, qui a remplacé les conduites en siphon de Gobert, a été construit par Vauban.

vèrent si justes que les eaux de Trappes arrivent encore au Château-d'Eau, et celles de Saclay au réservoir du jardin (1). Il est même à présumer que les eaux de Trappes et surtout celles de Bois-d'Arcy auraient pu arriver beaucoup plus haut qu'elles n'arrivent (2).

M. Colbert, qui avait ordonné tous ces travaux, mourut avant de les avoir vus à leur perfection, car Gobert dit que l'eau des étangs de Saclay n'arriva dans son réservoir que trois semaines après sa mort (3).

Ce grand ministre n'avait pourtant fait toutes ces choses que provisoirement, et, bien qu'une portion des eaux élevées par la machine de Marly vînt à Versailles dès 1682, bien que les étangs circonvoisins donnassent une quantité d'eau considérable, il sentait, malgré cela, que toutes ces eaux seraient bientôt insuffisantes aux besoins d'une ville, naissante alors, mais que le séjour des rois devait augmenter rapidement. C'est donc par ces motifs qu'il avait conçu le projet d'amener à Versailles les eaux de la rivière d'Eure. Gobert même, dans un ouvrage qu'il publia en 1702 (4), assure que sans la mort de ce ministre et d'après les nivellements que lui et son fils avaient

(1) Réservoirs de l'Opéra.
(2) L'étang de Bois-d'Arcy est aujourd'hui supprimé.
(3) Voir le *Traité des forces mouvantes*, par Gobert.
(4) *Traité des forces mouvantes.*

faits par ses ordres et pour cet objet, on aurait eu un canal navigable de six à huit toises de largeur, de Nantes à Paris, à la hauteur des réservoirs de Montbauron.

Après la mort de M. Colbert, en 1683, M. de Louvois, convaincu comme lui que les eaux rassemblées jusqu'alors à Versailles étaient insuffisantes, chargea Lahire de faire les recherches et les nivellements nécessaires pour y amener l'Eure ; cette rivière étant la seule dont la hauteur paraissait convenable à cet effet. Ce savant académicien trouva, en prenant l'Eure à Pontgouin, que sa superficie se trouvait être de quatre-vingt-un pieds plus élevée que celle du réservoir de la grotte. « Cette nouvelle, dit Fontenelle, fut très agréablement reçue du ministre et du roi. On voyait déjà les eaux de l'Eure arriver à Versailles ; mais Lahire représenta qu'avant qu'on entreprît des travaux aussi considérables, il était bon qu'il recommençât le nivellement parce qu'il pourrait s'être trompé dans quelques calculs. Sincérité hardie, puisqu'elle était capable de jeter dans l'esprit du ministre des défiances de son savoir. M. de Louvois, impatient de servir le roi selon ses goûts, soutenait à M. de Lahire qu'il ne s'était pas trompé ; mais celui-ci s'obstinant dans sa dangereuse modestie, obtint enfin la grâce de n'être pas cru infaillible. Il se trouva qu'il ne la méritait pas. Il recommença en 1685 le nivellement, qui ne différa du premier que d'un pied ou deux. »

Ce fut d'après des précautions aussi rassurantes, qu'on commença les travaux dont il nous reste à rendre compte.

La rivière d'Eure prend naissance dans la forêt de Logny, au Perche, entre Milly et Lalande, et se jette dans la Seine, au Vaudreuil. Pontgouin, où elle devait se prendre, est dans la Beauce, à six lieues de Chartres.

Depuis le parc du château de la Rivière, appartenant à M. d'Aligre, jusqu'à Pontgouin, elle a à peu près vingt-quatre pieds de largeur, sur six pieds de profondeur moyenne.

Nous avons fait faire là, près dudit parc, l'expérience indiquée par Mariotte, et de plusieurs boules de cire abandonnées au cours de l'eau, il est résulté qu'elles ont parcouru, dans une proportion moyenne, cinquante toises en vingt minutes, conséquemment que cette rivière donnerait en totalité trois mille six cents pouces d'eau par minute.

On objectera peut-être que cette rivière a rarement vingt-quatre pieds de largeur et six pieds de profondeur ; mais quand elle manque à l'une de ces deux conditions, ou même à toutes deux, elle est plus rapide, et cela revient au même. D'ailleurs, pour fixer absolument la quantité d'eau que cette rivière peut donner, il convient de répéter plusieurs fois la même expérience, depuis le parc de la Rivière jusqu'à Pontgouin, sans aller plus haut, parce qu'immédiatement au-dessus de ce parc, il y a plusieurs fontaines qui se joignent à l'Eure, et l'augmentent considérablement.

Lahire avait donc trouvé que l'endroit où il devait prendre l'Eure était de cent-dix pieds plus élevé que le rez-de-chaussée du Château de Versailles (1). On procéda à l'exécution, et depuis Pontgouin jusqu'à Berchère-le-Mangot, dans l'espace d'environ neuf lieues, on fit creuser ou élever, sur la plaine, un canal de six toises de largeur réduites sur neuf pieds de profondeur. Les berges qui existent encore dans plusieurs endroits, ont des largeurs différentes.

Pour la facilité des communications, on a bâti sur ce canal des ponts très solides d'une seule arche, en pierre de la meilleure qualité ; et pour éviter les dégradations que l'eau des plaines, retenue par les bords de ce canal, peut y occasionner, lorsqu'il est plus élevé qu'elles, on a pratiqué plusieurs aqueducs qui la laissent écouler par-dessous.

A Berchère, le canal très élevé au-dessus de la plaine, se termine par un puits de quarante-sept pieds de hauteur, y

(1) On fit d'abord élever à la tête du canal, près du château de la Rivière, une immense retenue en pierre de taille, pour accumuler en ce lieu les sources de l'Eure et les diriger abondamment et à volonté dans le canal.
Cette retenue en pierre existe encore aujourd'hui.

compris la profondeur de l'aqueduc, qui a vingt-sept toises de long sur sept pieds et demi de hauteur.

Cet aqueduc en regarde un autre, lequel est terminé par un puits de même dimension que le précédent, mais de douze pieds moins élevé. Ces deux aqueducs, qui sont aux deux extrémités de la vallée de Berchère à Théville, aboutissent à une levée qui devait traverser la susdite vallée, mais qui n'a été faite qu'en partie. Dans le fond de cette vallée, on avait construit un pont pour écouler les eaux.

En cet endroit et à l'ouverture supérieure du premier puits, il paraît qu'on devait mettre des tuyaux, lesquels (comme autrefois à Buc) auraient rampé dans l'aqueduc et sur la levée dont on vient de parler, et après avoir passé dans l'aqueduc du côté de Théville, auraient remonté par le puits qui le termine, pour se dégorger ensuite dans l'autre partie du canal que nous allons décrire.

Il existe dans le pays plusieurs traditions sur l'usage de cette levée ; les uns prétendent qu'elle n'était faite que pour porter des conduites, les autres, au contraire, qu'on y devait pratiquer un canal ouvert comme de l'autre côté, et que l'eau devait couler librement dans ce canal. Ce dernier sentiment, quoique le plus simple, présente des difficultés que nous ne discuterons pas ici.

C'est principalement dans la vallée de

Maintenon que s'annonce la magnificence des travaux dont il est ici question. Un aqueduc formé de quarante-sept arches, et qui parcourt de l'est à l'ouest un espace de six cent trente-six toises, présente un aspect imposant, même aux yeux les plus accoutumés à voir les grandes choses. Chacune des arches de cet aqueduc a quarante-six pieds neuf pouces d'épaisseur, non compris les contre-piliers, qui ont chacun six pieds de saillie, chaque pilier vingt-quatre pieds de largeur et chaque contre-pilier onze pieds. Les massifs des piliers et des contre-piliers sont construits de pierres tirées de la Marne très abondantes dans le pays, et employées à bouts de mortier de la meilleure qualité. Ils sont en outre chaînés, ainsi que les cintres de quatre rangs de pierre de grès, ainsi que les encoignures. La culée de l'est a quatre-vingt-seize toises de long, et celle de l'ouest trente-trois toises. La plus élevée des arches de cet aqueduc a soixante-seize pieds sous clé, et avec l'épaisseur du cintre et de son revêtissement, la hauteur totale est de quatre-vingt-dix pieds. Le dessus de l'aqueduc était couvert de dalles de pierres de grès de trois à quatre pieds carrés, posées sur un lit de ciment de cinq à six pouces d'épaisseur extrêmement durci par le temps. Le tout était bordé de chaque côté par des bahuts formant parapets. Chaque arche était carrelée en contrepente de manière que les eaux n'y pouvaient séjourner, et au milieu de chacune d'elles on avait ménagé un trou carré qui servait à leur écoulement. Il est presque certain que sur cet aqueduc l'eau devait couler dans des conduites. Nous avons même vu dans plusieurs endroits, aux environs de Maintenon, de ces conduites en fer abandonnées à des particuliers qui les ont brisées ou mutilées, pour les accomoder à leurs besoins journaliers.

Nous avons cessé nos recherches sur cet objet à la ferme du Parc, laquelle est située au bout oriental de l'aqueduc de Maintenon, parce que tous les travaux qui devaient continuer jusqu'à l'étang de la Tour ont été à peine commencés au-delà de cette ferme (1).

Après la description de tous les ouvrages qui devaient directement coopérer à conduire les eaux de la rivière d'Eure à Versailles, nous ne pouvons garder le silence

---

(1) La description donnée ici indique l'état des travaux du canal tel qu'il était par suite de la modification apportée par Vauban à son plan primitif.

Le premier plan de Vauban consistait à faire un véritable canal navigable depuis Pontgouin jusqu'à Versailles. Dans ce projet, le canal devait s'élever de 99 mètres au-dessus du vallon de Maintenon, sur un aqueduc de pierre d'une longueur de plus de 4,000 mètres, tantôt à un seul rang d'arcades, tantôt à deux rangs, tantôt à trois rangs, suivant la disposition du terrain.

Ce superbe projet, mais qui entraînait dans d'énormes dépenses, fut ensuite modifié par Vauban. Dans ce second projet, les eaux ne devaient plus s'élever à 99 mètres au-dessus du vallon de Maintenon, mais devaient ramper dans des conduites de fer. Ces conduites devaient être posées en forme de siphons renversés depuis Berchère jusqu'à l'étang de la Tour, et parcourir ainsi un espace de 41,200 mètres.

4.

sur ceux indirectement occasionnés par ceux-ci. Comme les matériaux qu'il fallait rassembler étaient très considérables et situés hors de Maintenon, on creusa pour les amener à pied-d'œuvre, des canaux qui, en suivant plusieurs vallées et à cause des pentes, avaient des écluses où l'eau était retenue par des portes faites à peu près de la même manière que celles du canal de Briare. Ces canaux, pris dans leur totalité, parcouraient un espace de plus de six lieues (1).

Toutes ces facilités rendront croyable une chose qui, comme nous l'avons déjà observé, paraît cependant bien étonnante, c'est que tout ce dont nous venons de rendre compte a été fait en deux ans et demi au plus, car Lahire vérifia son nivellement en 1685, et ces travaux, ainsi que nous le prouverons ci-après, furent abandonnés à la fin du printemps de 1688.

Il nous reste maintenant à examiner les motifs qui ont pu faire abandonner un ouvrage aussi avancé, qui avait coûté des sommes aussi considérables, et dont le succès devient de jour en jour plus nécessaire à Versailles.

(1) Vauban, pour construire son aqueduc, tira ses pierres d'Epernon et la chaux de Germonval. Pour les amener de ces deux endroits à Maintenon, qui en était éloigné de plus de douze kilomètres, il fit creuser des canaux qui lui permirent de faire arriver ces matériaux au pied même de l'aqueduc.

Ces canaux existent encore en partie dans la belle propriété de Maintenon appartenant à M. le duc de Noailles.

On avait assemblé à Maintenon, en 1686, un camp de 30,000 hommes commandés par le marquis d'Uxelles. Louis XIV comptait vraisemblablement que la paix serait plus longue ; mais la ligue d'Augsbourg, qui se signa à Venise pendant le carnaval de 1687, obligea le roi à mettre ses troupes en campagne l'année d'après, et le marquis d'Uxelles ayant pris Neustadt en septembre ou octobre 1688, avec les mêmes troupes qui avaient formé le camp de Maintenon, il est vraisemblable que ce fut vers la fin du printemps de cette année que les travaux de la rivière d'Eure furent abandonnés. On peut donc regarder cette guerre comme la cause immédiate qui fit cesser l'ouvrage dont il s'agit. Mais à la suite de cette cause, plusieurs circonstances se réunirent encore pour faire oublier ce grand projet. A la paix de Riswik, en 1697, les finances se trouvèrent tout à fait épuisées. Cette paix, qui dura à peine quatre années, ne donna pas à la France le temps de réparer ses pertes, et pour comble de malheur, la guerre de la succession, qui suivit cette paix, empêcha tout à fait de penser à mettre fin à des travaux qu'on avait entamés avec tant de dépense.

Dans un recueil d'édits relatifs aux desséchements des marais et aux canaux navigables, publié en 1735, on trouve les lettres-patentes datées de 1704, enregistrées au Parlement, par lesquelles Louis XIV abandonne le projet de conduire à Versailles la rivière d'Eure, autorise M$^{me}$

de Maintenon à faire construire un canal navigable et flottable depuis Chartres jusqu'à Bonneval sur la Loire, pour faire communiquer cette rivière à l'Eure, et, à cause de ce canal qui n'a pas été fait, et en forme d'indemnité, lui abandonne la propriété du fond des terres qui ont servi à la levée de terre des travaux de Maintenon, et en outre les travaux de Galardon et d'Epernon.

Il est bon d'observer que ces lettres-patentes ne donnent rien des travaux construits, et qu'elles n'abandonnent à M$^{me}$ de Maintenon que les objets devenus inutiles, même dans le cas où on eût voulu reprendre les travaux de Maintenon ; d'où on peut conclure que le malheur des temps a seul pu faire renoncer à cette grande entreprise, digne du siècle de Louis XIV.

Après la mort de ce prince, Louis XV étant allé demeurer à Paris, on oublia tellement la possibilité de terminer ce grand ouvrage, qu'on donna, nous croyons, à Adrien-Maurice de Noailles, qui avait épousé M$^{lle}$ d'Aubigné, non-seulement la propriété de l'aqueduc, mais encore celle des canaux, terrains et matériaux relatifs aux travaux de la rivière d'Eure et situés dans l'étendue de la seigneurie de Maintenon, qu'il possédait du chef de sa femme, héritière de M$^{me}$ de Maintenon, sa tante. On assure cependant que l'arrêt de don éprouva de très grandes difficultés, et qu'il ne fut enregistré à la Chambre des comptes, qu'après qu'on eut envoyé à cette cour des lettres de jussion. Versailles, d'ailleurs, moitié moins peuplé qu'à présent, entouré d'étangs considérables qui y amènent leurs eaux, recevant en outre une portion, très petite à la vérité, de celles qu'élève la machine de Marly, cette ville, disons-nous, au service journalier de laquelle on a pris l'habitude de sacrifier la plus grande partie des eaux jaillissantes dans les jardins du Palais, n'a éprouvé de véritables besoins à cet égard que depuis l'augmentation de sa population. C'est donc la nécessité de lui procurer une quantité d'eau suffisante à ses besoins, à sa propreté et à son embellissement, qui a attiré l'attention sur les restes abandonnés de ces grands travaux et sur leur état actuel. Heureux si notre travail peut faire envisager comme possible la perfection d'un ouvrage, immense à la vérité, mais qui devient aujourd'hui de première nécessité pour l'existence de Versailles.

Il est bon d'observer que jusqu'à l'époque de la donation dont nous venons de parler, il y eut un particulier payé pour empêcher la dégradation des objets appartenant au roi, et relatif aux travaux de la rivière d'Eure; mais postérieurement, personne ne veillant plus à l'intégrité de toute cette propriété, les particuliers riverains ou les seigneurs locaux s'emparèrent des terrains et des ouvrages à leur proximité, sans aucun titre que ceux de la convenance. Plusieurs même démolirent les ponts et comblèrent le canal. La dégradation et l'usurpation ont surtout augmenté depuis que le maréchal de Noailles, cédant à la demande de M^me la marquise de Pompadour, a consenti de lui laisser démolir les tablettes et les bahuts qui formaient le dessus de l'aqueduc, pour la construction du château de Crécy.

Cet aqueduc une fois découvert, tous les vassaux de la maison obtinrent facilement la permission de démolir, tant pour bâtir que pour réparer leurs héritages, et le seigneur lui-même, possesseur par titre de tous les ouvrages de ce genre construits sur sa terre, regarda ces monuments mutilés comme des carrières d'où il pouvait légitimement retirer les matériaux qui s'offraient à ses besoins. Chacun alors voyant que cette immense propriété était sans conservateur, se l'est plus ou moins appropriée. Les uns ont labouré le canal, les autres y ont planté des bois; ceux-ci y ont fait faire des jardins et ceux-là y ont planté de la vigne. N'ayant vu qu'une partie de ces dégradations, et les ayant vues avec trop de rapidité faute de temps, nous nous proposons de les examiner de nouveau et plus en détail lorsque messieurs les commissaires nommés par M. le Directeur général auront fait la vérification du nivellement; non que le travail de Lahire puisse être suspect à aucun savant, mais parce que, comme M. le Directeur général l'a judicieusement pensé, il est important de détruire par des expériences nouvelles une tradition populaire, laquelle est si accréditée dans ce moment, qu'il n'appartient qu'à des savants de premier ordre de la détruire.

Après la vérification du nivellement, on pourra partir d'un point fixe, et ce sera de ce point fixe d'où nous partirons pour examiner tout de suite :

1° L'état des ouvrages faits et la proportion de ces travaux par rapport à ceux qui restent à faire ;

2° Comment il faudrait faire usage de la levée depuis Théville jusqu'à Maintenon ;

3° S'il ne serait pas plus expédient de former un aqueduc dans la vallée de Berchère, que de faire parcourir cette vallée par des conduites, ainsi que cela s'est pratiqué sans succès à Buc ;

4° Pour constater par de nouvelles expériences la quantité d'eau positive que peut fournir la rivière d'Eure, et en même temps si, en ne prenant que la moitié de cette eau, les moulins construits depuis Pontgouin jusqu'à Maintenon pourront tourner sans un grand préjudice, tâcher même de constater, dans le cas où cela en porterait à ces moulins, quelle serait l'indemnité due aux propriétaires ;

5° L'état de la machine de Marly, son produit actuel et ce qu'on en pourrait espérer à force de dépenses ;

6° S'il y aurait de l'avantage pour le produit, à substituer quatre pompes à feu à la machine de Marly, en comparant ce produit à la dépense ;

7° Examiner si les eaux de la rivière

d'Eure, qui se mêleraient avec celle des étangs avant, pourraient être épurées dans les fontaines, et devenir, en cas de besoin, des eaux bonnes à boire ;

8° Examiner si, lorsque les eaux de la rivière d'Eure seraient une fois arrivées à Versailles, il ne serait pas possible, après les avoir fait servir aux différents besoins de Versailles, de les rassembler toutes dans la pièce d'eau des Suisses, d'où on pourrait la prendre pour former un canal navigable de cette pièce jusqu'à Mantes, en se servant du lit tout naturel de la rivière de Gallie, qui est plus bas que cette pièce ;

9° Former des devis exacts, au moyen desquels on pourrait apprécier la dépense de tous les travaux énoncés ci-dessus.

---

Le Directeur général des bâtiments, tout en sentant la nécessité d'avoir pour Versailles une quantité d'eau suffisante pour le service des jets d'eau du Parc, voulait encore assurer celui des nombreux habitants qui affluaient dans la ville royale. Il chargea la Société royale de médecine de rechercher si les eaux de la rivière d'Eure, qu'on avait le désir d'amener à Versailles, et si celles des étangs qui entouraient la ville pouvaient, au besoin, servir aux usages domestiques. La commission nommée par la Société pour s'occuper de l'état hygiénique de Versailles reçut la mission d'analyser ces eaux. Je trouve dans le manuscrit de la bibliothèque quelques notes de l'abbé Tessier, relatives à ce sujet, que je crois devoir donner à la suite du rapport d'Heurtier et de Coulomb.

*Observations relatives à la rivière d'Eure et aux étangs des environs de Saint-Hubert.*

La rivière d'Eure prend sa source dans le Perche, passe dans le parc du château de la Rivière, à Pontgouin, à Courville, à Chartres, à Maintenon, etc.

Sous Louis XIV, avait été formé en partie le projet de la faire venir à Versailles en lui creusant un autre lit, en formant des amas de terre pour appuyer des tuyaux, en construisant des voûtes et des aqueducs.

On détournait la rivière d'Eure à Pontgouin en la prenant avant un moulin qui est à l'extrémité du village.

Afin de la réunir auparavant, on a bâti auprès du parc de la rivière, une digue, dans laquelle il y a des ouvertures resserrées ; cette digue est en très bon état (1).

L'eau de la rivière d'Eure, examinée après la digue, marquait au pèse-liqueur deux degrés au-dessous de zéro. Au thermomètre elle était à huit degrés et demi ;

---

(1) Cette digue, bâtie en pierres de taille, travail digne des Romains, était dans un état parfait de conservation quand nous l'avons visitée en 1846.

la chaleur de l'air étant à onze degrés et demi. C'est trois degrés moins chaud.

L'eau de la même rivière à Pontgouin, au-dessus du moulin et des lavoirs de blanchisseuses, marquait au pèse-liqueur un degré au-dessous de zéro. Au thermomètre dix degrés, tandis qu'exposé à l'air, à l'heure qu'il était, il marquait quinze degrés et demi.

Cette rivière nous a paru claire et abondante ; mais comme elle était retenue par un moulin, nous n'avons pu juger convenablement de sa profondeur.

C'est à Pontgouin, au-dessus du moulin et des blanchisseuses que nous avons puisé nous-mêmes l'eau que nous voulons soumettre à l'analyse chimique, précisément à l'endroit où nous l'avons examinée pour la deuxième fois. Cette eau a été mise dans des vases neufs de grès, bien lavés.

La même, examinée et puisée à Chartres, au-dessus du pont de la Courtille, c'est-à-dire au-dessus de la ville, marquait au pèse-liqueur trois degrés au-dessous de zéro.

La plus grande partie des eaux qui arrivent à Versailles sont des eaux pluviales. Dans les environs de Saint-Hubert, Rambouillet et Trappes, se trouvent des étangs formés par la nature d'un sol argileux. Les égouts des terres et des bois avaient, pour y arriver, une disposition qu'on a augmenté en formant des rigoles qui y aboutissent. Des rigoles, en partie à découvert et en partie voûtées, conduisent une certaine quantité de superficie d'eau, d'un étang à un autre, et successivement jusqu'aux étangs de Saclay, de là, au réservoir de l'avenue de Sceaux, pour être distribuées dans la ville et dans le parc.

Dans le temps où il y a abondance d'eau dans les étangs et disette dans les réservoirs, on lâche l'eau des étangs et on remplit les réservoirs.

Nous avons observé qu'il ne fallait pas se contenter de remplir les réservoirs en laissant répandre dans les campagnes le surplus des étangs, car en voici les inconvénients : 1° les terres inondées perdent les grains qu'on leur a confiés au détriment du laboureur, etc., qui pourrait y rémédier en partie s'il avait l'attention d'environner ses terres ou de les traverser de bons fossés ; 2° les habitations voisines des étangs en souffrent et courent risque d'être submergées ; 3° de là naissent des maladies populaires, déjà trop fréquentes dans le voisinage des étangs ; 4° on se prive par cette perte d'eau d'un moyen d'arroser, au moins certains jours de l'année, les rues de Versailles, et de nettoyer les égouts qui auraient besoin d'être lavés souvent par une eau rapide.

Nous pensons qu'il faudrait, ou former au-dessus de Versailles quelques réservoirs de plus pour y faire des magasins d'eau, ou, ce qui serait mieux, en lâcher des étangs pour Versailles et vider les réservoirs dans les rues de Versailles chaque fois qu'on le pourrait.

L'eau de l'étang de la Tour, prise au bas des pavillons, marquait au pèse-liqueur un degré au-dessous de zéro, celle de l'étang du Perray marquait, au même instrument, deux degrés au-dessous de zéro.

Nous avons examiné plusieurs fontaines dans les environs de Saint-Hubert, entre autres celles du village de Fargis, situées au bas d'un coteau sablonneux. Il y en a deux auprès l'une de l'autre, celle qui est enfermée appartient au roi ; on y trouve quatre pieds et demi d'eau, couverte de la plante appelée lentille d'eau ; le bassin a cinq pieds sur six. Il faudrait que cette fontaine fût nettoyée souvent, qu'on la vidât et qu'on vît comment et en combien de temps elle se remplit. L'eau à la fontaine marque au pèse-liqueur quatre degrés au-dessous de zéro ; portée à Saint-Hubert, et dans une fontaine non sablée, elle marquait trois degrés. Elle marquait au thermomètre huit degrés, tandis que l'air était à dix degrés et demi. Douze gouttes d'huile de tartre, dans un poisson et demi de cette eau, ne l'ont fait louchir que faiblement à la fontaine.

La fontaine qui n'est pas fermée est celle du village, et destinée au public. Son eau, à même dose, louchit plus que la précédente avec l'huile de tartre. Elle marquait au pèse-liqueur trois degrés au-dessous de zéro, et au thermomètre, au même moment, neuf degrés. Elle était exposée au soleil.

L'eau de la fontaine dite la Béchotère, du Mesnil, près Saint-Hubert, marquait au pèse-liqueur deux degrés au-dessous de zéro, et devenait laiteuse avec l'huile de tartre ; même dose que les précédentes.

L'eau de la fontaine dite Benitié, près Saint-Hubert, au pèse-liqueur marquait un degré au-dessous de zéro, louchissait moins que la dernière avec l'huile de tartre. Ces deux ont été examinées à Saint-Hubert.

―――――

A la suite de ces notes se trouve une lettre d'un bourgeois de Chartres adressée à l'abbé Tessier, et donnant quelques détails sur la rivière d'Eure et sur la bonté de ses eaux. Elle sert de complément aux notes du savant abbé :

« A Monsieur l'abbé Tessier, docteur-médecin de la faculté de Paris.

« Monsieur,

« J'ai appris de plusieurs personnes qu'on voulait exécuter l'ancien projet de conduire l'Eure à Versailles et que vous aviez accompagné M. de Lassone fils, pour constater, par des expériences, la salubrité de son eau à sa source.

« Je demeure à Chartres l'hiver, et pendant presque tout l'été dans une maison de campagne située au bord de cette rivière.

« Je fais quelquefois usage de l'eau de l'Eure ; je ne m'en suis point trouvé incommodé; mais arrêtée par un nombre considérable de moulins, et restant plus longtemps sur un lit fangeux et bordé de roseaux, elle contracte un goût désagréable. Elle le perdrait peut-être en parcourant à l'air un nouveau lit dans un espace de plus de vingt lieues.

« Quand feu M. de Parcieux, qui m'honorait de son amitié, voulut faire entrer l'Yvette dans Paris, quoique la pureté de sa source fût vérifiée, lorsqu'elle entrait dans la Seine on lui trouva un goût marécageux qu'on espéra qu'elle perdrait dans un canal nettoyé.

« Il est, je crois, très difficile de savoir si les eaux de l'Eure seraient, en arrivant à Versailles, assez pures pour servir de boisson à ses habitants.

« Je vois, par une carte ancienne gravée, et qui a presque seize pieds de superficie, que le canal traverserait les étangs de la Tour, du Perray, de Trappes et d'Arcy. Leurs eaux, ou seraient introduites dans le canal, ou en seraient détournées. Dans le premier cas, la fange qu'elles déposeraient rendrait peut-être à l'Eure son mauvais goût; dans le second cas, il faudrait des ouvrages considérables pour remplir les cavités de ces étangs et élever le canal au-dessus de toutes ces eaux stagnantes. Combien d'eaux croupies ne renferme pas l'étang d'Arcy, qui est au-dessus de Saint-Cyr et que le canal doit traverser?

« Les nivellements que M. Moreau fils vous a donnés et qu'il a trouvés écrits dans un traité du nivellement de M. Picard, paraissent avoir été faits bien avant la carte que j'ai, puisque le canal ne passe pas par les endroits qui ont servi aux observations. Le canal passe bien loin d'Epernon, de Rambouillet, du moulin des Essarts. Ces nivellements ne peuvent servir qu'à démontrer que l'Eure, à Bellomer, est de 80 pieds plus haute que le réservoir au-dessus de la grotte du jardin de Versailles.

« M. le comte d'Angeviller est peut-être l'auteur du renouvellement de ce projet qui servirait beaucoup à augmenter encore les embellissements de Versailles. Je crois bien qu'il a dans son cabinet une carte pareille à la mienne, sans laquelle il serait peut-être très difficile de retrouver les vestiges de ces anciens travaux.

« Si vous vouliez m'honorer d'une réponse, vous me feriez un véritable plaisir.

« Je suis, avec tout le respect possible, Monsieur, votre très humble et très obéissant serviteur,

« CHABIN,
« bourgeois à Chartres,
« cul-de-sac de la rue des Champs, maison de M. Allais.

« Chartres, le 18 novembre 1781. »

# RECETTE ET DÉPENSE

DU

## DOMAINE DE VERSAILLES

EN 1789

---

A la suite des deux mémoires que je viens de faire connaître, je dois ajouter comme complément historique plusieurs documents curieux sur l'état de Versailles à cette époque de 1789.

Ces documents sont au nombre de trois : le premier regarde la recette et la dépense du domaine de Versailles ; le second l'établissement de la gendarmerie des chasses, et le troisième l'état des dettes faites par le gouvernement de Versailles pour acquisitions ou embellissements de la ville avant le départ du roi, et dont on demandait le remboursement en 1791.

**Aperçu de la recette et de la dépense générale du domaine de Versailles pour l'année 1789.**

*Recette.*

Aydes et entrées (déduction faite des frais de régie), 1,000,000 livres.

On voit que Versailles devait être considérable, puisque les droits d'aides et d'entrées perçus pour la plus grande partie dans la ville s'élevaient à la somme de un million.

La régie des droits des aides avait été établie en exécution de la déclaration de Louis XV, rendue comme seigneur de Versailles, le 6 octobre 1722.

Ces droits ne faisaient pas partie de la ferme générale des aides et gabelles. Ils étaient spécialement affectés aux dépenses du domaine, comme on le voit par ce tableau.

Droits de rivière, 12,000 livres.

Lors de la construction du château de Versailles et de celui de Marly, de nombreux matériaux furent apportés dans un point de la Seine rapproché de ces deux endroits et qui prit le nom de *Port-de-Marly*.

Par suite du séjour de la cour à Versailles et de l'augmentation de ses habitants, le Port-de-Marly, que l'on aurait pu nommer le Port-de-Versailles, fut fréquenté par un grand nombre de bâtiments qui apportaient ainsi par eau et presque directement leurs marchandises à Versailles. Ces bâtiments payaient un droit qui fut affermé dès le temps de Louis XIV. C'est ce droit que l'on nomme ici droit de rivière.

Produit des bois, 400,000 livres.

Il a été fait cette année (1789), par ordre du roi, une coupe extraordinaire de bois, dans la forêt de Marly, de 496,000 livres destinée à rembourser des capitaux d'acquisitions dont on payait les intérêts.

Bail général du domaine, 50,000 livres.

Les domaines de Versailles et de Marly étaient affermés à un fermier général.

Fermes du parc, 135,000 livres.

Les fermes du parc de Versailles, Gallie, la Ménagerie, Chèvreloup, étaient affermées en dehors de la ferme générale.

Lots et ventes, 100,000 livres.

Assignation sur la ferme générale des postes, 100,000 livres.

Greffe du bailliage royal de Versailles, 8,000 livres.

Le greffe était affermé.

Droits de présentation au bailliage de Versailles, 6,400 livres.

Idem, à Meudon (bailliage de), 350 livres.

Amendes des bailliages de Versailles et de Meudon, 2,150 livres.

Total de la recette, 1,813,900 livres.

*Dépense.*

Appointements.

Appointements et gages des gens et officiers attachés au gouvernement de Versailles, 206,578 livres.

Versailles était entièrement sous la dépendance du gouverneur nommé par le roi, et tous les employés, soit du château et de ses dépendances, soit de la ville, étaient nommés et payés par lui.

Suisses et leurs officiers, 69,000 livres.

Presque tous les garçons d'appartements, les portiers, etc., étaient des suisses, qui étaient en dehors de l'autorité du gouverneur, et formaient une espèce de corps à part.

Gardes-chasses et officiers, 48,000 livres.

Inspecteur et garçons de la Ménagerie, 6,800 livres.

La Ménagerie de Versailles contenait alors un assez grand nombre d'animaux rares, qui depuis ont été transportés au Jardin des Plantes de Paris. Il y avait par conséquent un matériel assez considérable et pas mal d'employés.

Paroisse de Notre-Dame. Sœurs et frères, 20,500 livres.

La paroisse de Notre-Dame était desservie par des prêtres de la mission de Saint-Vincent-de-Paul, et étaient réunis dans les bâtiments de la Mission, près l'église, où ils étaient entretenus par le roi. Il y avait aussi des frères de la Doctrine chrétienne pour les écoles primaires de garçons, et des sœurs de Saint-Vincent-de-Paul pour celles des filles, et de plus un bureau de charité desservi par des sœurs du même ordre, dont l'établissement remonte à M$^{me}$ de Maintenon.

Paroisse de Saint-Louis, Sœurs et Frères, 24,400 livres.

La paroisse de Saint-Louis était aussi desservie par des prêtres de la Mission de Saint-Vincent-de-Paul. Ils étaient logés dans le bâtiment qui est aujourd'hui l'évêché.

Les écoles de ce quartier étaient tenues par les mêmes instituteurs et institutrices que dans le quartier de Notre-Dame, ainsi que le bureau de charité de cette paroisse.

Chapelle du château de Versailles, 15,800 livres.

La chapelle du Château était aussi desservie par des prêtres de la Mission qui habitaient dans le couvent de la Mission de Notre-Dame.

Récollets (fondation), 13,700 livres.

Louis XIV fit venir à Versailles des récollets pour desservir les différentes chapelles de sa maison. Lorsqu'il fit bâtir pour eux le couvent qui est aujourd'hui une caserne, il voulut que leur chapelle servît de paroisse au quartier du Vieux-Versailles qui en manquait alors, et il alloua une certaine somme pour leur entretien, laquelle somme fut continuée par ses successeurs.

Paroisses des environs, 16,300 livres.

Les paroisses des villages environnants qui faisaient partie du domaine de Versailles étaient aussi rétribuées par le roi.

Officiers du bailliage, 24,900 livres.

Infirmerie royale. Dotation, 150,000 liv.

L'hôpital civil, qui était très peu de chose du temps de Louis XIV, ne fut véritablement établi que sous Louis XV, en 1720. La dotation de cet établissement n'était d'abord que de 38,000 livres ; elle fut successivement augmentée, et l'on voit qu'en 1789 elle était de 150,000 livres.

Chirurgiens des pauvres, 9,520 livres.

Il y avait un chirurgien chargé de voir les pauvres malades pour chaque quartier.

Logements.

Tous les gens de service du roi, de la reine et des princes et princesses étaient logés aux dépens de la maison du roi et des princes et princesses.

| | |
|---|---:|
| Service du roi, | 25,300 liv. |
| — de la reine, | 3,200 |
| — du dauphin, | 1,200 |
| — Madame, fille du roi, | 7,600 |
| — de Mgr le duc de Normandie, | 5,800 |
| — de M<sup>me</sup> Elisabeth, | 9,000 |
| — particuliers, etc, | 8,900 |
| — ceux payés dans la ville, | 6,000 |
| Total : | 67,000 liv. |

Fournitures.

Toutes les fournitures étaient employées au service intérieur et extérieur du roi, bouches et offices, maison de M<sup>me</sup> Elisabeth, à Montreuil, et pour service de la maison militaire du roi ; plus la fourniture des châteaux qui dépendaient du gouvernement de Versailles et Marly ; suisses, portiers et bois des pauvres aux paroisses de Versailles.

| | |
|---|---:|
| Bois | 180,000 liv. |
| Bougie, | 120,000 |
| Charbon, | 34,000 |
| Chandelle, | 24,000 |
| Cire à frotter et couleur pour les appartements, | 11,200 |
| Total : | 369,200 liv. |

Pensions, 160,000 livres.
Illumination.

Pour le château de Versailles, 50,000 livres.

Cet article ne comprend que les réverbères et les lampes des cours et des corridors du château, mais on conçoit que cette dépense devait être considérable par suite de la nécessité d'éclairer la grande quantité de corridors de cet immense palais.

Maisons et hôtels dans la ville, payés par le roi, 50,000 livres.

Le grand nombre d'hôtels et de maisons appartenant au roi dans la ville explique cette dépense.

Réverbères sur la route de Paris à Versailles, 1,500 livres.

Gouvernement de Meudon, 30,600 livres.

Entreprise de l'enlèvement des boues et immondices, 4,200 livres.

Chaque propriétaire de maisons de Versailles était forcé de payer un droit pour l'enlèvement des boues, et par conséquent le roi, comme propriétaire des hôtels appartenant à la couronne, était obligé de payer sa part de ce droit.

Acquisitions et intérêts de capitaux, 17,000 livres.

Rentes foncières, 20,000 livres,

Garde invalide pour Versailles, 28,000 livres.

La garde invalide, que l'on fit venir pour le service de la police de la ville, était payée par le roi comme seigneur de Versailles.

Archers des pauvres, 2,000 livres.

Sortes d'agents de police chargés de la

surveillance des pauvres, alors fort nombreux à Versailles.

Entretien des bâtiments du domaine, la ville et les fermes, 95,000 livres.

Entretien de la Ménagerie, 36,000 livres.

Plantations, environ 18,000 livres.

Entretien des chasses du roi, 70,000 livres.

Frais de police, 15,000 livres.

Il y avait alors trois commissaires de police et leurs agents en sous-ordre, sous la direction du bailli de Versailles.

Conciergerie.

Les dépenses des conciergeries consistaient en achats de différentes fournitures, suivant les ordres et pour le service de leurs majestés, payées d'après les mémoires ; garnitures des objets nécessaires pour les logements du château de Versailles, et de ceux des princes étrangers qui passaient à Versailles ; et en 12,000 livres environ de gratification distribuée par ordre du roi aux pauvres serviteurs de leurs majestés et gens du domaine.

Celles des châteaux de Versailles, Marly, Grand et Petit-Trianon, et l'écurie du Gouvernement servant aux chasses et voyages du roi, et pour le service des gouvernements, 126,000 livres.

Total général de la dépense, 1,767,938 livres.

*Récapitulation.*

| | |
|---|---|
| La recette est de | 1,813,900 liv. |
| La dépense de | 1,767,938 liv. |
| Partant, l'excédant est de | 45,962 liv. |

*Nota*. L'excédent de recette du dernier compte est compté ici pour *mémoire* seulement, et destiné à parer aux événements de l'année courante.

# GENDARMERIE DES CHASSES

Pendant le règne de Louis XIV, les gardes peu nombreux de la prévôté de l'hôtel du roi faisaient seuls le service de police de Versailles, et lors des voyages du roi, soit à Chambord, soit à Fontainebleau, soit à Compiègne, il ne restait aucune garde dans la ville.

Quand, après la mort de Louis XIV, Louis XV vint comme son bisaïeul faire son séjour à Versailles, la ville prit un accroissement rapide, et l'on sentit la nécessité d'augmenter les gardes de police.

Tous les domaines de Versailles et de Marly étaient sous la surveillance d'un grand nombre de suisses, qui y résidaient à poste fixe. On choisit parmi eux soixante hommes que l'on établit au Château, commandés par un officier, et qui prirent le nom de suisses de la patrouille. Ce poste était la seule garde de la ville quand le roi était absent de Versailles, la garde de la prévôté suivant le roi dans ses voyages.

Un événement, arrivé en 1740, montra combien ce service de police était insuffisant. Une émeute, produite par la cherté du pain, et dont j'ai donné ailleurs les détails (1), fit sentir la nécessité d'avoir dans

(1) *Hist. de Versailles.*

la ville une force armée permanente capable de s'opposer aux mouvements populaires et d'assurer la sécurité de la ville. En 1741 on fit venir, pour tenir garnison à Versailles, deux compagnies de gardes invalides, commandées par un lieutenant-colonel, deux capitaines et deux lieutenants.

Sur la fin du règne de Louis XV, et dans les premières années de celui de Louis XVI, Versailles s'était considérablement accru, puisque le nombre de ses habitants, qui était de 24,000 à la mort de Louis XIV, était arrivé à celui de plus de 70,000, ainsi que le constate le document dont je vais donner connaissance. Il y avait bien, à cette époque, constamment de service une compagnie de gardes-du-corps, une compagnie de gardes-françaises et une de gardes-suisses, mais ces troupes étaient réunies pour le service du Château, et n'étaient jamais employées à la police de la ville.

Ce document, qui montre que l'on cherchait à avoir une force suffisante pour faire la police de la ville, séjour de la cour, dont l'accroissement avait été si rapide, est un rapport adressé au grand-maître de la maison du roi, sur la nécessité d'augmenter la maréchaussée des voyages et chasses du roi, ce que l'on nomme aujourd'hui la gendarmerie des chasses. Il est de plus intéressant en ce qu'il donne l'origine de ce corps, et qu'il indique ce qui avait lieu alors, lors des voyages du roi.

## RAPPORT

La compagnie de maréchaussée des voyages et chasses du roi a été établie en 1772, pour le service des voyages et chasses de Sa Majesté, qui avant cette époque se faisait par des détachements de différentes compagnies de maréchaussée que l'on tirait pour le voyage de Compiègne, des compagnies du Soissonnais, de Picardie, de Champagne et de Flandres ; pour celui de Fontainebleau, de celles de Rouen, du Berri et de la Touraine ; indépendamment de quoi, la compagnie de la généralité de Paris fournissait beaucoup de cavaliers pour porter ces détachements au nombre de cent hommes environ nécessaires, afin qu'ils pussent remplir tous les objets de leur service.

Ce service consistait à garder jour et nuit les routes de Paris à Compiègne et Fontainebleau, et à garnir ces résidences et les environs de brigades qui les rendissent sûres, ainsi que les forêts où chassait le roi.

Mais on se plaignait dans les provinces d'où l'on tirait les détachements qu'ils occasionnaient l'absence pendant plus de six semaines de brigades entières et qu'ils en affaiblissaient beaucoup d'autres, en sorte que le service particulier relatif à la personne du roi privait les peuples de la force destinée à les protéger.

C'est ce qui détermina l'établissement de la compagnie de maréchaussée des voyages et chasses du roi, au moyen de laquelle aucune compagnie de maréchaussée ne se trouve plus affaiblie pour le service de Sa Majesté ; au contraire, celle-ci fortifie celles des environs de Versailles, puisque les brigades dont elle est composée sont toutes mises en cantonnement autour de cette ville, pendant tout le temps où les voyages du roi n'ont point lieu.

Mais aussi il faut observer que ces environs, y compris des lieux principaux, tels que Chevreuse et autres, où il y a des marchés, se trouvent dégarnis pendant les voyages de Compiègne et de Fontainebleau.

Pour parer à ces inconvénients et procurer en même temps à la ville de Versailles, séjour habituel du roi, et ville d'ailleurs considérable par sa population de plus de soixante-dix mille habitants, l'ordre, on ose même dire la sûreté qui y sont nécessaires, on propose de porter à cent quatre-vingts hommes la compagnie de maréchaussée commandée par le sieur Prioreau sous le titre de *compagnie de maréchaussée à la suite de la cour*, titre qui lui avait été donné par le feu roi, à sa création, et qui n'a été changé que sur une réclamation du feu grand-prévôt, appuyée par le duc de La Vrillière.

De ces 180 hommes divisés en 45 brigades, 80 resteraient habituellement comme aujourd'hui dans les résidences qu'ils occupent aux environs de Versailles, et il y en aurait 100 qui seraient placés dans cette ville tout le temps pendant lequel le roi y résiderait. Ils y feraient de jour et de nuit le service d'un guet à cheval, concurremment avec les invalides et les gardes de la prévôté de l'hôtel qui formeraient la garde à pied de la ville. Ceux-ci tiendraient principalement les corps de garde, et la maréchaussée sans cesse en mouvement ferait les patrouilles à cheval à raison de quatre brigades dans le jour et de huit dans la nuit; de sorte qu'il resterait une brigade aux ordres du prévôt général.

Il est inutile d'observer que ces brigades remettraient aux corps de garde, tant de la prévôté de l'hôtel que des invalides, les délinquants qu'elles auraient arrêtés, suivant que les commissaires devant lesquels elles les auraient préalablement conduits, auraient décidé qu'ils se trouveraient justiciables, ou du bailliage ou de la prévôté de l'hôtel.

On croit pouvoir répondre qu'en aucune ville du royaume, l'ordre et la police ne seraient mieux assurés que par cet arrangement, que semble nécessiter à la fois l'importance de la ville de Versailles et l'avantage qu'elle a d'être la résidence du roi.

Lorsque Sa Majesté s'en éloignera pour aller à Compiègne ou à Fontainebleau, il ne serait laissé à Versailles que 20 cavaliers de maréchaussée pour faire le guet la nuit seulement, et les 76 autres avec 24 qui seraient tirés des brigades des environs seraient employés tant à la garde de la grande route qu'aux chasses du roi et à former pareillement un guet de nuit de 20 hommes dans celle des deux villes qu'habiterait le roi.

La dépense résultant de l'augmentation de 100 brigadiers et cavaliers ci-dessus proposée serait de 87,750 fr. par an, dont le roi jugerait peut-être à propos de faire supporter une partie par le domaine de Versailles et peut-être même par la ville, jusqu'à concurrence de la somme de 14,040 liv., que coûteraient les quatre brigades qui y seraient employées en tout temps.

Indépendamment de quoi il serait nécessaire de fournir, à Versailles, des logements et des écuries pour 100 hommes et pour 100 chevaux.

# ACQUISITIONS ET TRAVAUX

DUS POUR L'EMBELLISSEMENT DE VERSAILLES

(1791).

Quand Louis XIV eut résolu de créer une ville autour de son château de Versailles, il distribua les terrains dont il avait fait l'acquisition à tous ceux qui voulaient bâtir.

Il leur accorda de nombreux priviléges et attira ainsi un bon nombre d'habitants. Les maisons s'élevèrent; une ville se forma. Mais si chaque habitant devint ainsi propriétaire du terrain sur lequel il avait construit, le roi ne conserva pas moins la propriété générale et la ville de Versailles ne cessa pas de faire partie du domaine du roi. En dehors des maisons particulières, rues, places et monuments publics, tout appartenait au roi, comme seigneur de Versailles.

Il en fut de même sous ses successeurs. Mais, si tout dans la ville, sauf les maisons particulières, appartenait au roi, par suite toutes les dépenses générales d'entretien des bâtiments, d'acquisitions pour embellissement, ou pour cause d'utilité publique, incombaient au domaine royal.

Louis XVI aimait beaucoup Versailles. On a vu par divers rapports adressés à M. d'Angeviller, directeur des bâtiments, sur les embellissements de cette ville, et surtout par celui concernant la rivière d'Eure, combien le sort de Versailles eût été autre sans la Révolution.

Le roi ayant quitté Versailles après les journées des 5 et 6 octobre 1789, des dettes contractées par le domaine de Versailles, soit pour acquisitions, soit pour fournitures, soit pour ouvrages de bâtiments, restèrent sans être payées. Les réclamants s'adressèrent à la municipalité, qui adressa au ministre de l'intérieur, le 11 avril 1791, l'état de ces dettes.

Cet état est intéressant pour Versailles, au point de vue historique. Il est divisé en trois partie : 1° Acquisitions de maisons et terrains ; 2° Marchands et fournisseurs ; 3° Entreprises et ouvriers.

**Etat de ce qui est dû pour restant d'acquisition de maisons, pour l'avantage et l'utilité de Versailles, ainsi qu'à différents marchands, fournisseurs, entrepreneurs, ouvriers et autres.**

*Acquisitions de maisons et terrains.*

30 *juillet* 1767. — Acquisition de la veuve Lebrun et ses enfants mineurs, d'une maison, bâtiments et jardin, au Grand-Montreuil, moyennant la somme de 8,000 livres pour servir, avec un terrain acquis le

même jour de la demoiselle Dehermo, moyennant 12,000 livr. qui ont été payées, d'emplacement à la nouvelle église et presbytère de Montreuil, ci. . . 8,000 livres.

Cette église fut commencée en 1764 et inaugurée en 1770.

Pour faire la place et les rues qui l'entourent, ainsi que pour élever le presbytère, on fit l'achat des maisons indiquées ici.

*4 octobre* 1774. — Autre acquisition des sieurs Simonet, d'une maison à Versailles pour ouvrir et former la rue Saint-Lazare, conduisant de l'église de Notre-Dame au cimetière de cette paroisse; ladite vente faite moyennant la somme de 46,000 livres sur laquelle a été payée 25,000 livres. En sorte qu'il reste encore dû . . . 21,000 livres.

Le cimetière de la paroisse de Notre-Dame était situé rue Sainte-Geneviève, derrière l'ancienne église. L'arrêt du conseil qui ordonne sa fermeture est du 2 mars 1777. Mais dès l'année 1774, on avait résolu de le fermer à cause de sa proximité des maisons du quartier. Louis XVI accorda pour le remplacer un terrain, situé rue des Missionnaires, où il se trouve encore aujourd'hui. Mais pour se rendre de l'église à ce nouveau cimetière, il était nécessaire de créer une rue qui pût aller de la rue Neuve au boulevard de la Reine, et c'est pour la faire que l'on acheta cette maison.

*16 mai* 1780. — Autre acquisition des sieur et dame Pacou, d'une maison à Versailles, rue des Bourdonnais, pour servir de logement aux Sœurs de la Charité, en la paroisse de Saint-Louis, moyennant 24,000 livres produisant 1,200 livres de rente . . . . . . . . . . . . . 24,000 livres.

Depuis longtemps les Sœurs du quartier Saint-Louis étaient établies dans une maison, aujourd'hui n° 6 de la rue des Bourdonnais, c'est pour leur agrandissement qu'on fit l'achat de cette maison.

*Nota.* — En 1788 il a été acquis, moyennant 24,000 livres, une maison de la veuve Girault, qui ont été payées, pour augmenter le logement et les écoles des Frères de charité.

La maison primitive des Frères avait été construite en 1712, à une époque où le quartier Saint-Louis, appelé alors quartier du Parc-aux-Cerfs, était très peu habité. et elle était très petite; ce quartier étant devenu très important, l'agrandissement de cette école était indispensable.

30 *décembre* 1786. — Acquisition de la dame veuve Fromentin, d'une maison attenant à l'infirmerie royale, pour y être réunie, moyennant la somme de 30,000 livres, sur laquelle il a été payé 10,000 livres, reste encore dû . . . 20,000 livres.

Cette maison fut achetée pour y placer les vieillards, l'hospice, que l'on commençait à rebâtir, n'étant pas suffisant pour loger tout le monde.

15 *mars* 1789. — Autre acquisition d'une maison et jardin, au Grand-Montreuil, des sieurs Forestier, pour y transférer les bu-

reaux des aydes et entrées, au moyen de ladite réunion du Grand et du Petit-Montreuil à la ville de Versailles, et éviter par là la fraude qui s'y ferait. Ladite vente faite moyennant la somme de 28,600 livres, sur laquelle il a été payé 12,600 livres, reste dû. . . . . . . 16,000 livres.

Par un édit du mois d'août 1786, Montreuil, qui était encore à cette époque un village près de Versailles, fut réuni à la ville. Cet édit portait entre autres choses que, pour «accorder aux habitants de cette paroisse l'exemption de la taille et de la milice auxquels ils étaient sujets, il serait nécessaire d'y substituer les droits perçus aux entrées de la ville, et de reculer en conséquence les limites de Versailles jusqu'aux extrémités de la paroisse de Montreuil. » C'est pour exécuter cet édit qu'a eu lieu cet achat.

6 *août* 1789. — Autre acquisition des sieur et dame Durand, d'une maison, bâtiments et jardin, connus sous le nom de l'Image Saint-Claude, avenue de Paris, aussi pour y transporter les barrières et éviter la fraude, moyennant 30,600 livres ; les 600 livres ont été payées, et il reste encore dû . . . . . . . . . 30,000 livres.

C'est aussi en exécution de cet édit de réunion de Montreuil à Versailles, que fut faite cette acquisition.

Le roi a cédé et abandonné, par arrêt de son conseil, du 20 *septembre* 1789, l'hôtel des gendarmes pour servir de logement à la garde invalide de Versailles, à la charge, entre autres choses, d'acquitter 1,700 livres de rentes au principal de 34,000 livres hypothéquées sur ledit hôtel, et dues, savoir : au sieur de Boucheman 14,000 livres, au sieur Bernard 14,000 livres, et 6,000 livres à la demoiselle Landerberg.

Cet hôtel, qui appartient aujourd'hui au ministère de la Guerre, a continué d'acquitter ces rentes qui n'ont été remboursées que depuis quelques années.

*Marchands, fournisseurs.*

On peut apprécier dans cette partie quelques-unes des dépenses de Versailles pendant le séjour de la cour.

Au sieur Trudon, cirier, à Paris, pour solde de ses fournitures de bougies et cire, pendant l'année 1789. . 64,271 l. 4 s. 7 d.

A la veuve Leloup, marchande épicière, à Versailles, pour le montant de la fourniture de chandelles, pendant les six premiers mois de 1790. . . 2,686 l. 8 s. 6 d.

Au sieur Courtois, marchand de bois, à Versailles, pour la fourniture de bois, fagots et charbon, pendant les six premiers mois de 1790, aux Suisses, frotteurs, balayeurs, invalides, prêtres et pauvres de la ville et autres. . . . . 29,729 l. 5 s. 9 d.

Au sieur Vaillant, entrepreneur de l'illumination de la ville de Versailles, pour les six derniers mois de l'année 1789, de l'illumination du Château et Grand-Commun. . . . . . . . 26,617 l. 6 s. 5 d.

A la succession du sieur Taillebosq et à son fils, au sieur Coton, et à la veuve Bercy, pour l'habillement des Suisses, frotteurs et balayeurs, de l'année 1789 et les six premiers mois de 1790, 34,979 l. 5 s. 2 d. Payé à compte, 22,549 l. 5 s. 6 d., reste dû............ 12,429 l. 19 s. 8 d.

A la veuve Landrin, épicière, pour la fourniture de plomb et poudre, pendant l'année 1789......... 2,456 l. 17 s.

*Entrepreneurs et ouvriers.*

OBSERVATIONS.

On observera : 1° que les mémoires des entrepreneurs sont réglés par M. Lebrun, architecte et ingénieur du domaine et de la Ville, qu'il y a trente-quatre corps de ferme dépendants du domaine, les deux hôtels du gouvernement, tous les bureaux des entrées et plusieurs maisons dans la ville, qui sont à la charge du domaine.

2° Que le roi ayant cédé l'hôtel des gendarmes pour le logement de la garde invalide de Versailles, on a été obligé d'y faire pour plus de 90,000 l. de dépense, pour pouvoir y établir cette troupe, composée de 200 hommes.

3° Qu'il a fallu construire dans la ville plusieurs corps de garde pour la garde nationale qui ont coûté près de 14,000 liv.

4° Qu'il a fallu aussi faire des constructions et réparations à la maison acquise pour les Frères de charité et l'école des pauvres enfants de la paroisse de Saint-Louis qui ont coûté près de 16,000 liv.

5° Que les dépenses de ces différents objets font partie des mémoires des entrepreneurs et ouvriers.

Les mémoires d'ouvriers et entrepreneurs qui restent à payer montent :

| | | | |
|---|---|---|---|
| Maçonnerie, à | 40,100 l. | 6 s. | 7 d. |
| Charpente, à | 58,271 | 15 | 10 |
| Couverture, à | 17,929 | 17 | 3 |
| Menuiserie, à | 17,525 | 14 | » |
| Serrurerie, à | 19,488 | » | 10 |
| Vitrerie, à | 6,980 | 11 | 2 |
| Peinture, à | 6,255 | 17 | 7 |
| Plomberie, à | 2,912 | 10 | 7 |
| Poëlier, à | 7,444 | 14 | » |
| Fumiste, à | 712 | 10 | 6 |
| Ramonage, à | 462 | 18 | » |
| Fonderie, à | 580 | 1 | 5 |
| Ferblanterie, à | 118 | 11 | » |
| Poseur de sonnettes, à | 830 | » | » |
| Treillages, à | 168 | 6 | » |
| Miroitier, à | 523 | 7 | » |

*Nota.* — Outre les sommes payées aux entrepreneurs et ouvriers, il y a, de plus, pour environ 20,000 l. d'autres mémoires acquittés à différents ouvriers pour 1788 et 1789, dont on n'a pas parlé dans cet état.

*Récapitulation générale.*

1er article, concernant les acquisitions, 153,000 l. » s. » d.
2e article, concernant les marchands-fournisseurs, 138,191 1 2
3e article, concernant les ouvrages et réparations, 140,204 15 6

Total, 431,395 l. 16 s. 8 d.

www.ingramcontent.com/pod-product-compliance
Lightning Source LLC
Chambersburg PA
CBHW070533100426
42743CB00010B/2068